「台本どおり」から一歩ふみだす

教師の
アドリブ授業のはじめかた

吉田雄一

東洋館出版社

はじめに

このたびは本書を手に取って読んでいただき、ありがとうございます。

さて、本書のタイトルにある「アドリブ授業」という言葉を見て、どんな印象をもたれたでしょうか。ひょっとしたら、「その場しのぎのお手軽な授業のことかな」「準備なんて必要なくなる魔法のような授業かな」と思われたかもしれません。

誤解があるといけないのではじめに説明すると、私が本書でお伝えする「アドリブ授業」とはそういった類のものではなく、**教師の台本をとびこえた学びを、子どもたちとその場でつくる授業**のことです。

「即興」を意味する「アドリブ」という言葉は、音楽や演劇、漫才などの世界でしばしば耳にすることがあるかと思います。その場の雰囲気や、お客さんの気持ちにぴったりと合ったアドリブが入ると、見ている人も舞台で表現する人も、みんなの気持ちが一つになるような、大きな感動が生まれます。

私たちが毎日教室で行っている「授業」でも、同じようなことがいえるのではないでしょうか。子どもの何気ないつぶやきを、教師が逃さずキャッチして、その場に合わせながら返していくことで、指導案には書かれていない新たな学びが生まれていく……そんな「心が躍る瞬間」があると思うのです。

少し大げさかもしれませんが、私はこの瞬間が、教師という仕事をしていて一番楽しい時だと感じています。

「もっと新しい発見を、子どもたちと授業の中でしていきたい！」
「どうすれば、あの時の授業のようなワクワクする瞬間を再現できるのだろう？」
いつもそんなことを頭の中で考えながら生活しています。今回、そんな日々の授業を通して私が感じ、試してきた「アドリブ授業」の考え方や視点について書きました。

第1章では、「アドリブ授業」のとらえ方とその構成イメージ、
第2章では、授業の中でアドリブをする時の視点、
第3章では、実際のアドリブ授業の解説、
第4章では、アドリブ授業の「ひらめき」を生むために私が日常生活の中で行っていることを紹介しています。

「教師の考えを子どもたちに押し付けてしまっている授業スタイルを変えていきたい」
「『台本をとびこえて、子どもたちと共につくる授業』のイメージを知りたい」
「教師である自分も授業そのものを楽しみ続けたい」

普段こんなことを思っていらっしゃる先生方がいましたら、本書がそのヒントとなればこの上ない幸いです。

吉田雄一

はじめに　1

第1章
アドリブ授業のとらえ方　7

台本どおりにならないことの「よさ」　8
アドリブ力は才能ではない　16
アドリブ授業で意識している2つの要素　23
子どもと「新しい学び」を探し続ける教師の姿勢　33
アドリブの「きっかけ」と「場面」　44

第2章
授業でアドリブをしかけるための視点　49

授業導入　子どもと教師で行う「学びのチューニング」　50
授業導入　めあての言葉のひとり選考会議　60
板書　あえて型を3つに限定する　72

contents

板書　書きながら考えていること　76
展開　「学びの共通点」から話を広げる　85
展開　意外なつぶやきを「拾う場面」「拾わない場面」　93
見取り　子どもの視線の意味を考える　99
見取り　子どもが発信する「情報」をとらえる　105
見取り　子どもの行動の価値に気づく　109
アドリブ授業をするには何から練習すればよいか　116

第3章
アドリブ授業の実際　129

実践①　道徳2年「学校たんけん」　130
実践②　国語2年「スイミー」　140
実践③　算数3年「はしたの表し方」　150
実践④　社会3年「火事からまちを守る」　160
実践⑤　理科3年「実ができたよ」　170

第4章

授業でアドリブをひらめくための日常習慣

授業でアドリブをひらめくための日常習慣 181
私の「問い」のとらえ方・関わり方 182
子どものヒットを分析する 194
材そのものの面白さでできること 205
アイディアとその磨き上げ方—授業で実現させていくために— 212
おわりに 221
参考文献 229

第1章

アドリブ授業のとらえ方

台本どおりにならないことの「よさ」

「はじめに」でも説明したように、私が本書で紹介する「アドリブ授業」とは、**「教師の台本をとびこえた学びを、子どもたちとその場でつくる授業」**のことです。

では逆に、「教師の台本どおりの授業」とは一体どういうものでしょうか？　まずはそこから考えてみます。

小・中学校の先生であれば、週案や指導案、自身の授業研究ノートなどに、授業の学習計画（いわゆる台本）を書いたことがあるはずです。このことは全く悪いことではありません。むしろ大切なことでしょう。しかし、この台本に書かれていることを、教師の計画どおりに押し付けて、子どもの学びの可能性をつぶしてしまうような場合は注意が必要です。

私が懸念しているのは「台本どおりの授業」がいきすぎるケース、つまり「子どもたちの考え方や表現したいこと、活動形態など、授業のすべてを教師がデザインし、型に当てはめてしまう場合」です。

授業とは、（当然のことながら）すべてが教師の思った通りに進んでいくものではありません。予想もしなかった子どもの意見によって、途中で流れが止まってしまうことや、当初の計画と全く違う方向に進んでいくようなこともしばしばあります。しかし、それが果たして本当に悪い授業なのでしょうか？　「台本どおりに進まない授業」は一見「うまくいっていない授業」のようにも見えますが、実は必ずしもそうではないと私は思っています。

ではその場合、台本どおりにならないことの「よさ」について私たちの生活を例に少し考えてみます。

例えば「他の誰かが書いたであろう原稿を、一字一句間違えずただ読み上げるスピーチ」と、「自分の今の気持ちが相手に伝わるように、必死に言葉を考えながら話すスピーチ」とでは、どちらの方が聞いている人の心を動かすかは明らかでしょう。

スポーツでも、実際に会場に行って試合を観戦するのと、深夜のスポーツニュースで編集された試合の映像を見るのとでは、緊張感、興奮、感動が全く違ってきます。「この後どうなるのか」「この試合に勝てるのか、負けてしまうのか」……結果がわからないからこそ選手も含め、その時、その場で観戦している人たちの中だけに「リアルな感覚」が生まれます。「手に汗握る瞬間」とは、「不安」だけでなく「期待」や「希望」もみんなで共有している時間とも考えられます。

このように考えると、私たちは「思ったとおりの結果や答え」を一方的に押し付けられることよりも、**そこに至るまでの過程をみんなで一緒に考えていくことに大きな意味を感じている**のだといえます。

私たち教師が毎日している授業でも同じようなことがいえそうです。

もし今日やる授業の「結果」がすでに決められているのであれば、教師はその答えが書かれたプリントを子どもに配ってあげれば、授業は5分で済むはずです。しかし実際は、「考え方のイメージ」だったり、「うまくできるようになるコツ」だったり、「試行錯誤すること」そのものだったり……教科書やプリントには書かれていない「新しい何か」をみんなで見つけるために、私たちは「授業をする」のだと思うのです。

アドリブ授業とはこのような**「新しい学び」**をみんなでつくり出していく授業のスタイルだと私は考えています。


とはいえ、私自身もはじめからこのような考え方で授業をしていたわけではありません。紆余曲折しながら、今のやり方にたどり着きました。ここからは恥を承知で、私の昔の授業を紹介したいと思います。私がアドリブ授業を始めようと思ったきっかけにはこんな経緯がありました。

＊

教師になって数年間、私はノートに授業の「流れ」を細かく書いていなければ、不安で45分間授業をすることができませんでした。

授業中に頭が真っ白にならないように、発問はもちろんのこと、「そうだね」「いいね」といった自分の反応もセリフとして書いていました。自分が子どもに言わせたい意見をノートに羅列し、授業のねらいに子どもたちが気づいていくための展開を毎日綿密に計画していました。自信のない自分が教師としてきちんと教壇で演じていくための「授業の台本」を本当につくっていたのだと思います。

研究授業や参観授業の時は、掲示物を貼る位置がずれないように黒板にセロテープに小さく印を付けていました。子どもから答えが出なかった時のためのヒントのカードや、映像資料を映す器機が動かなくなった時のための、大きく印刷した資料なども徹底的に準備していました。

「自分には授業の才能が無いのだから、無いなりに最大限の努力をすべきだ」という、当時の自分の取り組み方には、一定の意味があったとは思っています。冒頭でも紹介したとおり、授業の台本があることは悪いことではありません。ただ私は、この台本作りに注力するあまりに、その使い方を誤っていました。

何年かこのようなやり方で授業を重ねていくうちに、時間配分や、子どもの発表などが思いどおりに進むこと、つまり「自分の台本どおりに授業が進んでいくこと」に自信をもつようになってしまいました。そして「教師が綿密に考えた活動を計画どおりに進めていくことが、子どもにとって一番よい授業の形だ」と思い込んでいくようになりました。ここが大きな間違いだったと強く反省しています。

わかっていることを、声をぴったりそろえて暗唱させたり、すでに私が決めている答えを子どもに当てさせたり……。このような「すべてが計画どおりに進んでいく授業」をして満足していたのは私だけで、子どもたちにとっては全然面白くないのだということを、私の授業を見た当時の同僚の先生から指摘していただき、それが大きな転機となりました。

その日から自分の授業を見つめ直しました。試行錯誤していく中で、「本当に面白い授業は、台本をとびこえて、子どもと一緒につくるものなんだ」「その時、その瞬間に生まれる学びこそがリアルなんだ」と気づいた時、「アドリブ授業」という新しい授業スタイルが自分の頭の中に生まれました。

教師が何か月もかけて準備して「これが正解だ！」と考える「授業の台本」や「答え」をとびこえて、実際の授業で子どもたちが気づくことの方がはるかに深く教材の本質をとらえているというのはよくあることです。子どもたちのもっている可能性を授業に取り入れながら、臨機応変に「自分の台本」を書き換えていく――そんな新しい授業に挑戦したいと思うようになっていきました。

*

その後も試行錯誤を重ねていき、「アドリブ授業」は次のような可能性もある授業だとわかってきました。

・どこにたどり着くかわからない、ドキドキする過程をみんなで楽しむ授業
・教師にもわからなかった答えが、みんなで協力したらわかるかもしれない授業
・当初知りたかったことより、もっと大きな発見をしてしまうかもしれない授業

「はじめに」でもお伝えしたように、「アドリブ授業」は「教師が楽するための、その場しのぎのお手軽な授業」ではありません。教師のねらいや思い、願いがきちんとあった上で、それ

を「とびこえようとする子どもの力」を引き出しながら進めていく、**本気で頭を使う楽しい授業**だと考えています。

次のページからは、これまで、私がアドリブ授業をやりながら実際に「試してきたこと」「考えてきたこと」を紹介していきます。

アドリブ力は才能ではない

事細かに授業の台本をつくっていた私ですが、今では教師1年目の時のように、自分のセリフまで書き込んだガチガチの台本を毎日つくるようなことは流石にしなくなりました。しかし、「今日はこんな流れで授業するぞ」「子どもたちにこんな力がついたらいいな」というイメージだけは、いつも頭やノートに思い描いてから授業に臨むようにしています。

現在はこの頭の中で思い描いた台本をベースにしつつも、授業中の子どもたちの反応に合わせて、時間配分、言葉かけのタイミング、活動の順番などを瞬間的に調整・修正しています。修正を考えている時間は、恐らく1秒かからない、視線を右から左に移動する0・5秒程度の時間です。

この**子どもの実態や状況に合わせて瞬間的に授業を修正・微調整する力が、「授業のアドリブ力」**だと私は考えています。

ではこの力は、才能やセンス、経験年数がないと習得できないものなのでしょうか。

結論からいうと、そんなことはありません。実はどの先生方も、普段から授業の中で単発的に行っていると思います。ただ、あまりにも自然に行っているため、「自分がアドリブをしている」と意識していないことが多いのです。

そこで、この「アドリブ力」を、授業とは違う場面から考えてみたいと思います。日常生活の中でも気づかずにアドリブ（状況に合わせて行動を修正・微調整）している場面は、意外とたくさんあるので、その一例を示します。

＊

例えば普段の生活の中でこんな場面はありませんか？

「10m先にある横断歩道を急いで渡ろうとしたら、信号が点滅したので、渡るのをやめて待つことにした」

「それが何なの？」という感じかもしれませんが、この中にもしっかりアドリブ（状況に合わせた行動の修正・微調整）の要素があります。

まず、この一連の動作の中で、私たちが何を考えていたかを「整理」してみます。

・歩行者用の信号が青になった。つまり歩道を渡ってもよいことを意味している。車はきっと止まるだろう。（状況の把握）
・歩道まで少し距離があるが、自分が少しがんばって走ればおそらく間に合うだろう。（行動の微調整）
・歩行者用の信号が点滅し始めた。もうすぐ信号が赤に変わるということを意味している。このあと車が動くかもしれないので危険である。（状況の把握）
・横断歩道までの距離、自分の走るスピード、体力、社会的な常識を総合的に考え、無理して今横断歩道を渡るのは危険だ。ここは立ち止まることにしよう。（行動の修正）

このように、頭で考えたことを**言語化**してみると、私たちは一瞬のうちに意外と多くのことを考えているとわかります。アドリブ力を身につけていく上で才能や経験よりも大切なのが、この**「思考の言語化」**だと私は考えています。

もう一つ違う例を挙げてみます。

先ほどと同じような状況で、今度は横断歩道の真ん中でおばあさんが、荷物を落として立ち止まっていたとします。先ほどの状況とは異なり、普段あまり遭遇しない場面です。このような場合、みなさんだったらどうしますか？

「信号は点滅して赤に変わるかもしれないけど、全力で走って荷物を拾い、大きな声で『すみません！』と言って周りの車に止まってもらう。おばあさんと一緒に横断歩道を渡る」という行動をとる人は多いのではないでしょうか。

このように普段と違う状況になっても、私たちが臨機応変に対応できるのはなぜでしょうか。それは、これまでに「信号を見ながら横断歩道を渡る」という「やり方」を、**さまざまなパターンでいつもやっている**からに他なりません。スマホの操作や車の運転といった、その人が毎日している日常的な動作でも同様です。

先ほどの横断歩道の例であれば、

・いつもと異なる状況であることを判断し、
・「困っているおばあさんを放っておけない」「大きな身振り手振りで周りに緊急性を伝えよう」といった自分の中にある思いや知識などを瞬時に組み合わせて、
・その状況に一番合った新しい選択肢を考えて実行した。

ということを考えています。自分の中にいつもの行動パターンがしっかりあることで、通常と異なる状況下でも、さまざまな条件を組み合わせたとっさの判断が自然にできるのです。

私たちが毎日やっている授業でも、紹介した例と同じことが起きています。

・自分がめあてを言った時、あの子は一瞬不安そうにこっちをちらっと見ていたな。
・でもすぐに目をそらした。めあての説明がわかりにくかったのかもしれない。
・今日のめあては「3けたのくり上がりのたし算のやり方を確認しよう」だったな。

・他の子たちも「くり上がり」についてわかっているのかな…。
・別の聞き方でもう一度クラス全体にめあての確認をしてみるかな…。
・前回の学習を忘れてしまっている子もいるみたいだ。今日の課題を提示する前に、くり上がりのない3けたの足し算を少し復習する方がよさそうかな…。

先ほどの横断歩道の例と同じように先生方は授業中、状況を把握したり、授業を瞬間的に修正・微調整したりしているはずです。

しかし、これらの思考は授業中のほんの一瞬の出来事なので、意識する前にすぐに忘れてしまいます。授業をしながら自分が頭で考えたことを、このように言語化するのは少し大変かもしれませんが、これが習慣化されることで次のような効果があると考えられます。

・授業がうまくいった理由、うまくいかなかった理由を言語化することで、今後の「よりよい授業」の再現率を高めていける。
・自分の中で、「いつもの授業のパターン」を行う理由が言語化できていることで、想定外の状況が起きた場合も、「いつもどおり進めていくか」「自分の知識や経験から新しい選択肢を考えるべきか」という判断がより素速く（瞬間的に）できるようになる。
・現時点の状況や、この先の展開を頭の中で言語化していくことで、子どもの反応に応じて、より細かなタイミングで授業の修正や微調整ができるようになってくる。

「授業で起きたこと」「子どもが言ったこと」「教師がやったこと」の言語化も大切ですが、それ以上にポイントとなるのは、**それらをつなぐために自分がどういう思考を働かせたか**です。授業を行う上では、その点を言語化していくことが重要です。

この記録の仕方としては、授業が終わってから、自分が授業中に考えたことを文字に起こす方法があります。でもさらに効果的なのは、誰かに授業を見てもらい、放課後、自分が今日の授業でどんなことを考えていたかを、参観者の先生に順を追って説明していくことです。授業後にこうした機会を設けながら、授業中に自分がとった行動の理由をすべて説明できる状態にしていくことが理想です。

毎日の授業の中で過ぎていくこの「0・5秒の思考」を言語化する習慣を身につければ、たとえ今センスや経験年数が足りないと思っていても、着実に授業のアドリブ力を鍛えていくことができます。

アドリブ授業で意識している2つの要素

ここでは、実際に私が行った授業をもとに、授業中の思考を言語化してみようと思います。紹介するのは、ある日行った3年生の国語の授業です。この授業も、(台本はありつつも) いくつかのアドリブをその場で入れています。その点についても読みながら考えていただけると幸いです。

＊

ある雨の金曜日。この日の3時間目は、外で体育をする予定でした。しかし、校庭が使用できないので、急きょ国語の授業をすることに変更しました。

休み時間は外で遊べず、体育もつぶれて「教室で勉強かあ…」と子どもたちのテンションは下がっていると感じました。

そのため、この日は時間割を変更して、来週から始める予定だった「三年とうげ」の1回目の授業することにしました。この1回目の授業では、物語の「いつ」「どこで」「だれが」「なにをして」「どうなったか」という「あらすじ」をまとめる学習をしようと考えていたので、そのような見通しを頭に描きながら授業に臨みました。

3時間目の国語の授業が始まりました。

「**じゃあ、今日は『三年とうげ』のあらすじをまとめる勉強をするよ**」と私が話したところ、子どもたちから「先生。この話まだ読んでいません…」という声が聞こえてきます。それもそのはず、もともと私が翌週からこの授業をやると伝えていたので、まだこのお話を読んでいない子が意外と多かったのです。

ここで私が焦って授業を進めることで、子どもたちのやる気をさらに下げてしまっては本末転倒です。この日は「あらすじを知るだけでも…」という気持ちで臨むことにしました。

子どもたちの実態を把握するために、「このお話をもう読んだ人はどれくらいいる？」と聞いたところ、クラスの半分くらいしか手は上がりません。「この状況をなんとかせねば…」という気持ちがさらに強くなりました。

このお話のあらすじは、「転ぶと残り三年しか生きられない三年とうげで転んでしまったおじいさんが、自分が死んでしまうのではないかと外に出ることを恐れるのですが、水車屋のトルトリの提案を聞いて、三年とうげで何度も転び続ければ、三年ずつ寿命が延びると考えを改め、楽しく過ごした」というものです。

今、クラスは、この「三年とうげ」のあらすじを知っている子と知らない子が、半分ずつ混ざり合った状態です。今日の授業で、この差を何とかしようと思いました。

そこでまず、「物語をまだ読んだことのない子」の気持ちになって、**「なんで『三年とうげ』って題名なんだろうね？」**という簡単な質問からはじめてみることにしました。この質問であれば、読んでいる・いないにかかわらず、発想を広げてみんなが答えられると思ったからです。

「三年生だから『三年とうげ』なんじゃない？」とつぶやく子がいたので**「それってどういうこと？」**と理由を尋ねてみました。

「図書館に『三年とうげ』っていう本があって、たまたまそれを読んだ教科書をつくる人が、この3年生の教科書にこのお話を入れようと思ったのかもしれないよ」という説明をしてくれました。物語の内容には関係ないかもしれませんが、子どもらしい面白い考え方です。このように何人かの子どもたちと会話のキャッチボールをしながら、頭の中で「何か今日の授業を深めていくきっかけはないか…」と探していました。

次に、せっかく家でお話を読んできた子たちの知識も無駄にしたくないと思い、今度は物語を読んできた数人の子どもたちに**「どんな話だったか教えてくれないかな」**と聞いてみることにしました。それぞれ「おじいさんが……して」「おじいさんが……する」といった具合にあらすじを説明してくれました。それを聞いて、お話をまだ読んでいない子も「きっとおじいさんが出てくる楽しい話なんだな」ということはわかってきたようです。

タイトルからの予想や、読んできた子による説明を経て、どの子にも「三年とうげ」に向かう気持ちが芽生え始めました。「話をしっかり読んできている子」「話を読んできていない子」が半分ずつという、子どもの実態にばらつきがある中で、どの子もやる気を出すようなちょうどよい方法は何かないかと考え、次のような課題を出すことにしました。

「今から3分間は、自分の目でお話を読む時間にします。そのあと、どんな話だったかみんなに20秒で説明してもらうので、説明できると思った人は手を挙げて教えてね」

教室が急に静かになって、みんなが集中して教科書を読み始めました。時間を制限したことは子どもにとって効果的だったようです。

20秒という説明時間は、説明が1分だと長すぎて、発表をする側も聞く側もつらくなってしまいますが、20秒であれば、うまく要約すれば授業の中で何人も発表できるかもしれない……という計算で設定しました。

しかし、いざ物語を説明するとなると、説明が長すぎて20秒の時間内に収まらない子、「おじいさんが出てくる楽しいお話」のように5秒ぐらいで説明が終わってしまう子……。全員が20秒という制限時間の中でお話を簡潔に説明することは、この時点では難しかったようでした。

しかし、3分間読むという「インプット」と、20秒で説明するという「アウトプット」の時間を設けたことで、クラスにいる全員が「三年とうげ」のあらすじを授業のはじめの時よりも理解することができました。


話のあらすじがある程度わかったうえで、「子どもにとってさらに新しい学びは何なのか？」と考えることにしました。「今日はあらすじをざっとつかむ」という予定からさらにふみ込んで、こんな質問をしてみました。

「みんな、説明してくれてありがとう。じゃあ、今日このお話を説明するうえで絶対にはずせないキーワードって何かな？」

これは、あらすじを20秒で説明するのは難しくても、ポイントとなるキーワードを探すことなら、どの子も楽しくできるのではないかと思い浮かんだものでした。

「おじいさん」「転ぶ」「三年しか生きられない」など、物語の中で重要なキーワードが子どもたちから出てきました。今度はこのキーワードを使って、20秒で説明するための文章を「書いてみる」ことにしました。これには、文章を書くことで、さらに内容を整理できるというねらいがありました。さらに、子どもの活動時間に差が出てしまうことを考え、「文章で書けた人は、心の中で読む練習をしてみてね」と終わった子に対する新しい課題も与えました。

しばらく経って、「20秒で説明できそうな人はどれくらいいる？」と質問すると、先ほどよりたくさんの子の手が挙がりました。しかし、授業の残り時間も短く、一人ずつ発表してもらうのは難しいと思ったので**「じゃあ、今度はたくさん発表できる人がいるみたいだから、隣の友だちに説明をしてみよう」**とペアによる発表に変えました。説明のコツをつかんだのか、今度はクラス全員の子が、時間内に友だちにあらすじを話すことができたようです。

最後に今日の授業の振り返りをしました。

Ｔ「今日は物語のあらすじをつかむことができたね。あらすじをまとめる時に大切なコツは何だったと思う？」

Ｃ「２回同じことを言わない」

C「長すぎず短すぎずまとめる」
C「全部を読んでからまとめる」
C「主人公や題名などのキーワードは入れる」…

子どもたちが今日の授業で学んだことを黒板にまとめて、「三年とうげ」の1回目の授業が終わりました。この日は、当初思い描いていた台本に、新しい活動や発問を少しずつ追加しながら進めていった授業でした。結果として、「物語のあらすじを把握する」という授業当初の目的だけでなく、「あらすじを短くまとめるコツ」という新しい学びも子どもたちと一緒に見つけることができました。

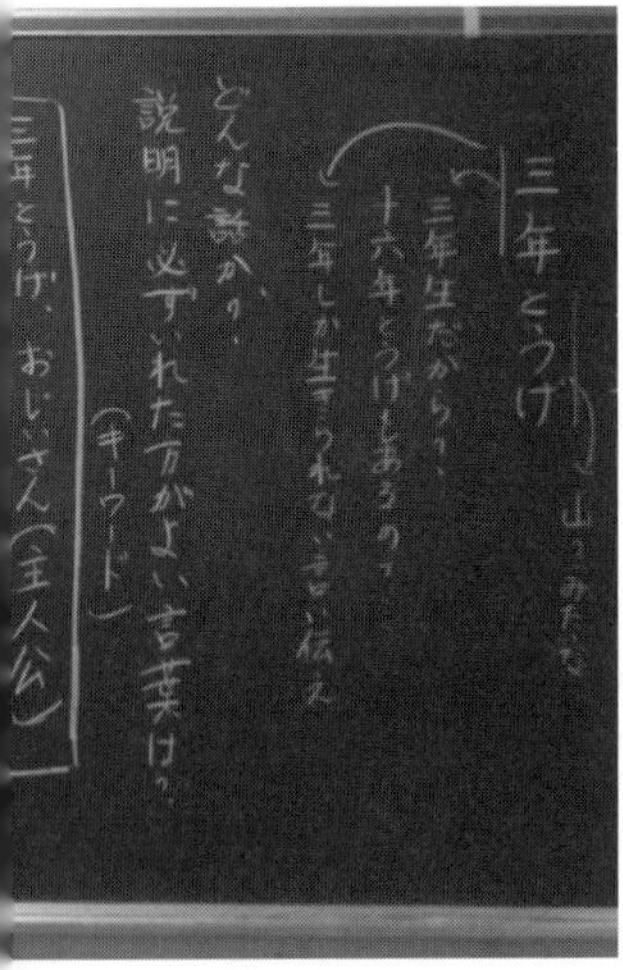

この日の授業で私が考えたことを整理してみます。

・子どもの実態を確認しつつ、授業のめあてに向かう大まかな流れを頭の中で常につくっていく。

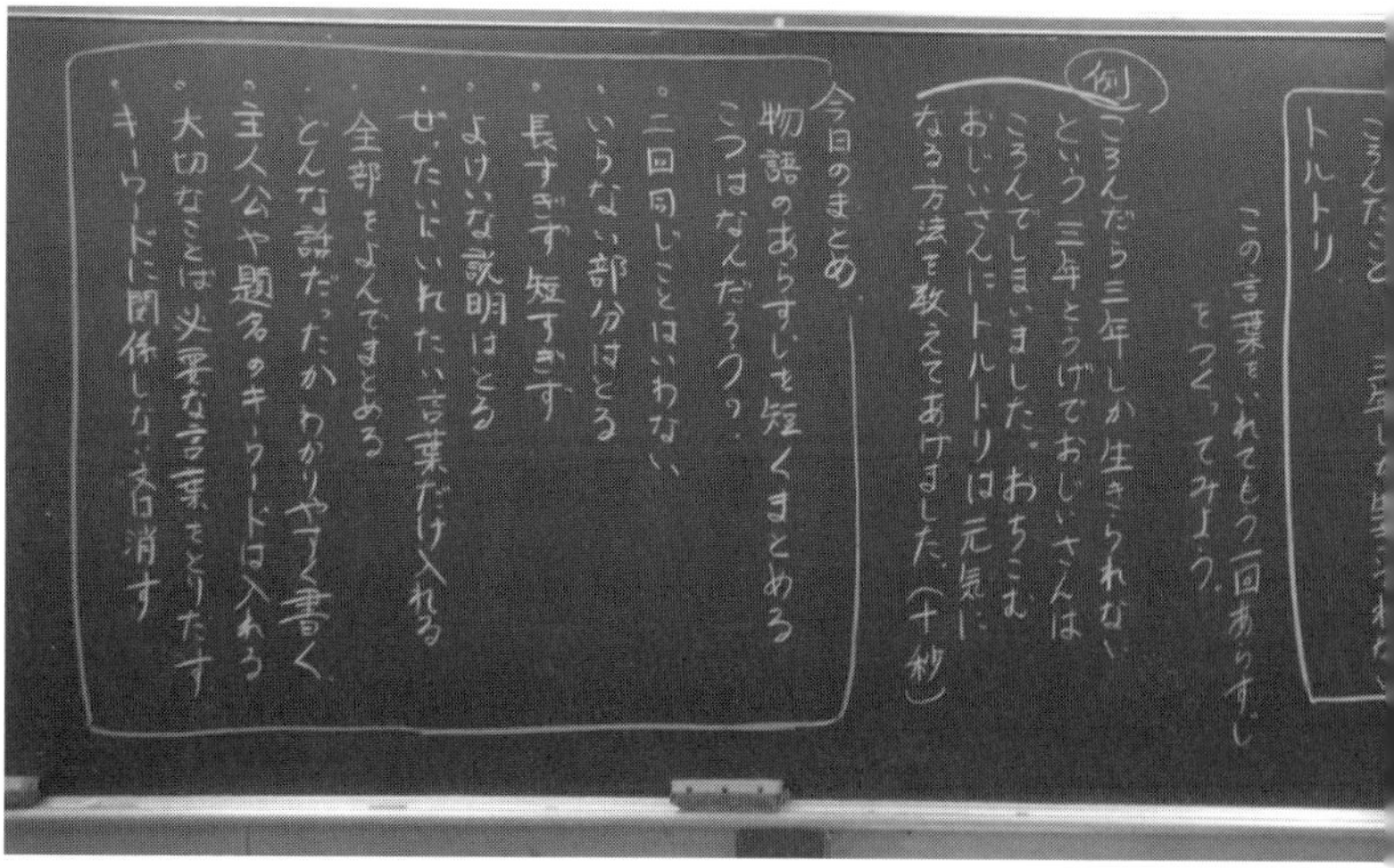

実際の板書

・会話のキャッチボールをしながら、「？」と思うような子どもの意見にまず乗っかってみる。
・子どものつぶやきを拾いながら、新しい学びにつながる可能性がないかを探す。
・限られた時間の中で、子どもの活動時間を確保する展開を考える。

このように、45分の授業中に頭で考えたことを言語化していくと、アドリブ授業をしていくために意識している要素が２つ見えてきます。

①子どもの「新しい学び」を45分間探し続けようとすること
②アドリブの「きっかけ」を見逃さないこと

この2つは、国語に限らずどの教科の授業でも意識していることです。①は45分間常に意識していること、②は場面ごとにその都度意識していることといえます。次のページからはこの2つの要素についてもそれぞれ解説していきます。

子どもと「新しい学び」を探し続ける教師の姿勢

先ほど紹介した、アドリブ授業を構成する要素のうち、まずは45分の授業の中で「常に意識し続けていること」から説明していきます。

私がアドリブ授業をしていく中で、常に意識していること、それは「**子どもたちがまだ知らないことに気づかせる**」ことです。

45分間の授業はいつも、子どもたちにとって「知らないこと」を考える時間にしたいと思っています。

45分間を使って子どもたちがすでに知っていることを確認しても何も面白くありません。授業を通して、どの子にも「へえ！」「たしかに」「なるほどね」と思える「新しい学び」を見つけてほしいと思っています（これは私の個人的な希望ですが、子どもにとって家庭や習い事ではなく学校の授業が、子どもの「新しい学び」を発見する最初の場所になっていたら、これほどうれしいことはありません）。ではそのために、教師はどのようなことを考えていけばよいのでしょうか。

以前行った「ことわざの授業」を例に図を使いながら授業中に頭で考えていることを説明してみます。

①子どもたちが知っていることを把握する

まず、授業の導入で子どもとやり取りをしながら、今日これから勉強することについて、どれくらいのことを知っているかを把握します。

例えば次のようなやり取りをしたとします。

T「みんな『ことわざ』って聞いたことがあるかな?」
C「猫に小判、あと馬の耳に念仏とかのことでしょ」
C「目は口ほどに物を言う、頭隠して隠さずとかもあったよね」

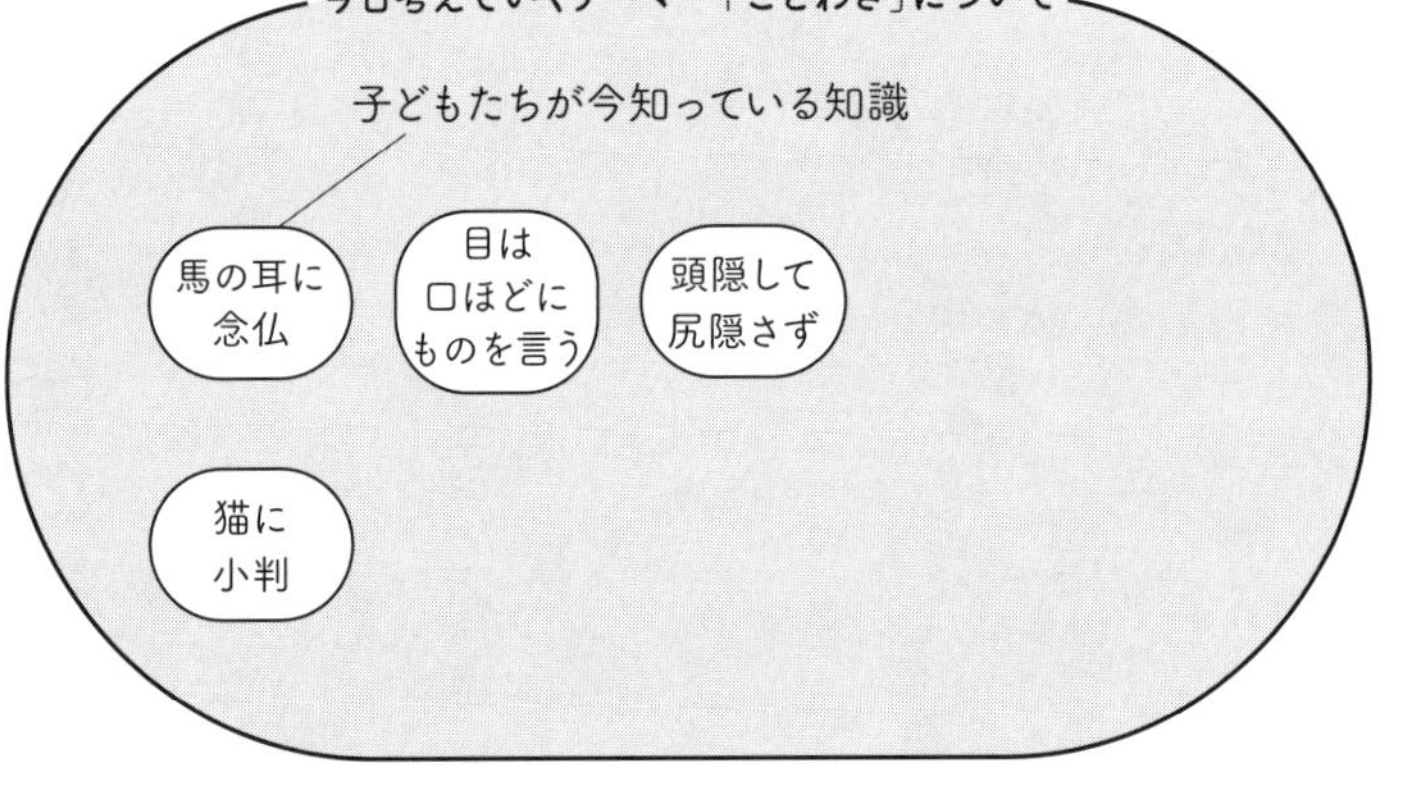

この時、私（教師）の頭の中には今日教えること、子どもの知識や実態などをまとめた右のような図が浮かんでいます。

②知っていることの事例を増やす

子どもはもともと図の中の○で囲んだような知識をもっていますが、「新しい学び」発見の第一段階としてまず、この「知識の量」を増やしていきたいと思います。

例えば「友だちに教えてもらう」「教科書や、パソコンで調べてみる」といった方法が考えられます。

T「他にも知っていることわざってあるかな」
C「（家のことわざの本に載っている）『豚に真珠』『猿も木から落ちる』とかも多分そうだよね」
C「あ、それは聞いたことがある。そういうのが『ことわざ』なんだね」

③知っていることを整理する

今度は、この今わかっている知識を、特徴ごとに整理してまとめてみます。そうしていくことで、何か法則やきまりといった「新しい学び」が見つかることがあります。

C「あ、先生、ことわざってもしかしたら、動物や体に関係している言葉が多い気がするけど？」

T「それは面白い発見だね。他にもことわざにパターンがないか、タブレット端末で『ことわざ　きまり』で調べてみようか」

C「先生！　数に関することわざっていうのもあったよ！」

T「ことわざはどうやら『動物』『体』『数』という仲間

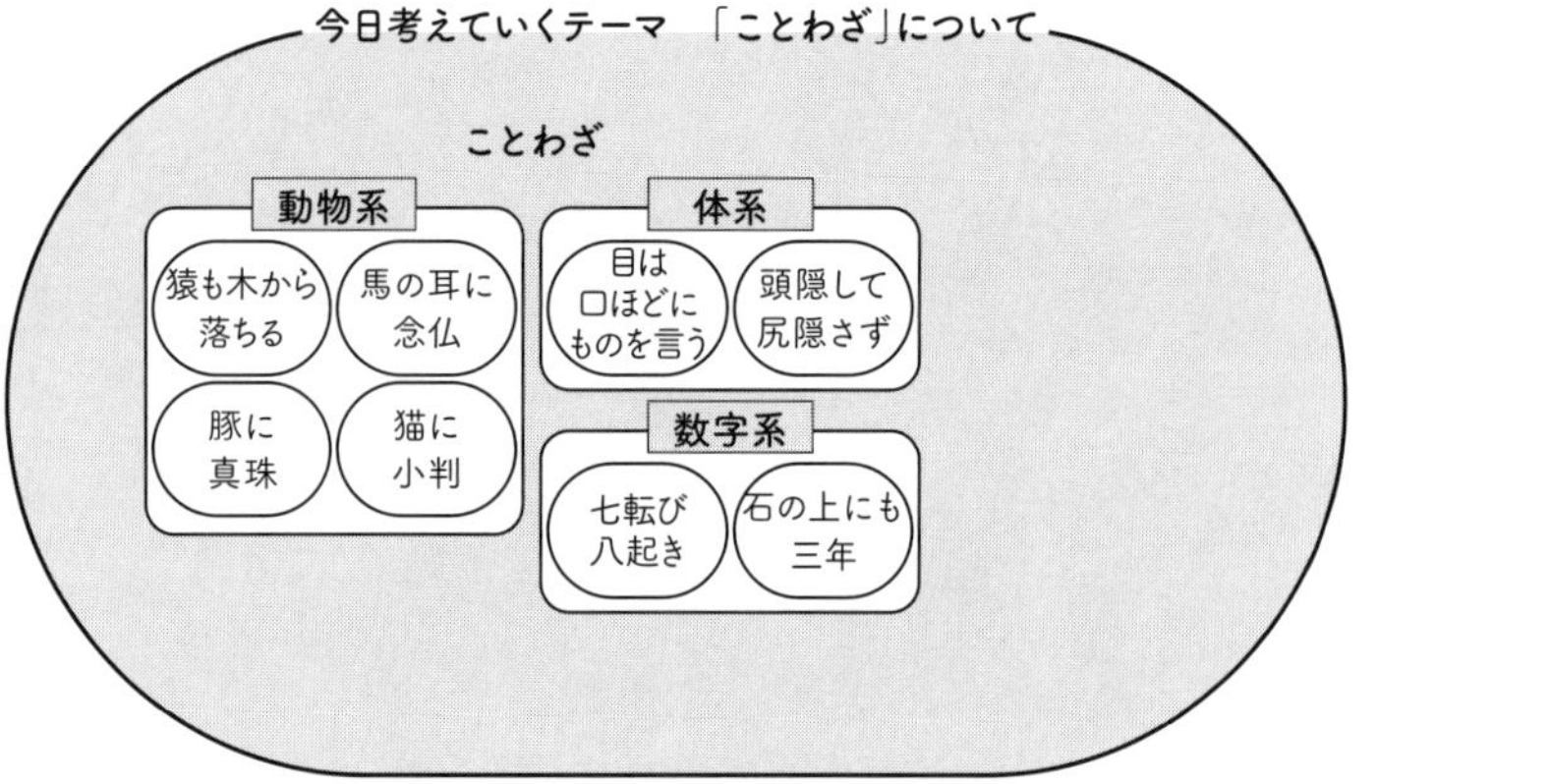

に分けられそうだね」

④まだ知らないことに視点を広げてみる

ここまでは「調べる、教わる、きまりを見つける」などで「新しい学び」を増やしていく方法でした。ここでさら「新しい学び」を広げるために、もう一段階工夫をしてみます。例えば教師が次のような言葉かけを子どもたちにしていくことで、さらなる「新しい学び」の発見につながります。

(1)　そもそも論で考えて広げる

T「そもそも今日勉強していることわざって、なんで生まれたのだろうね？」

C「先生、ことわざについてタブレット端末で調べたら、『故事成語』と『慣用句』っていうのも出てきたよ」

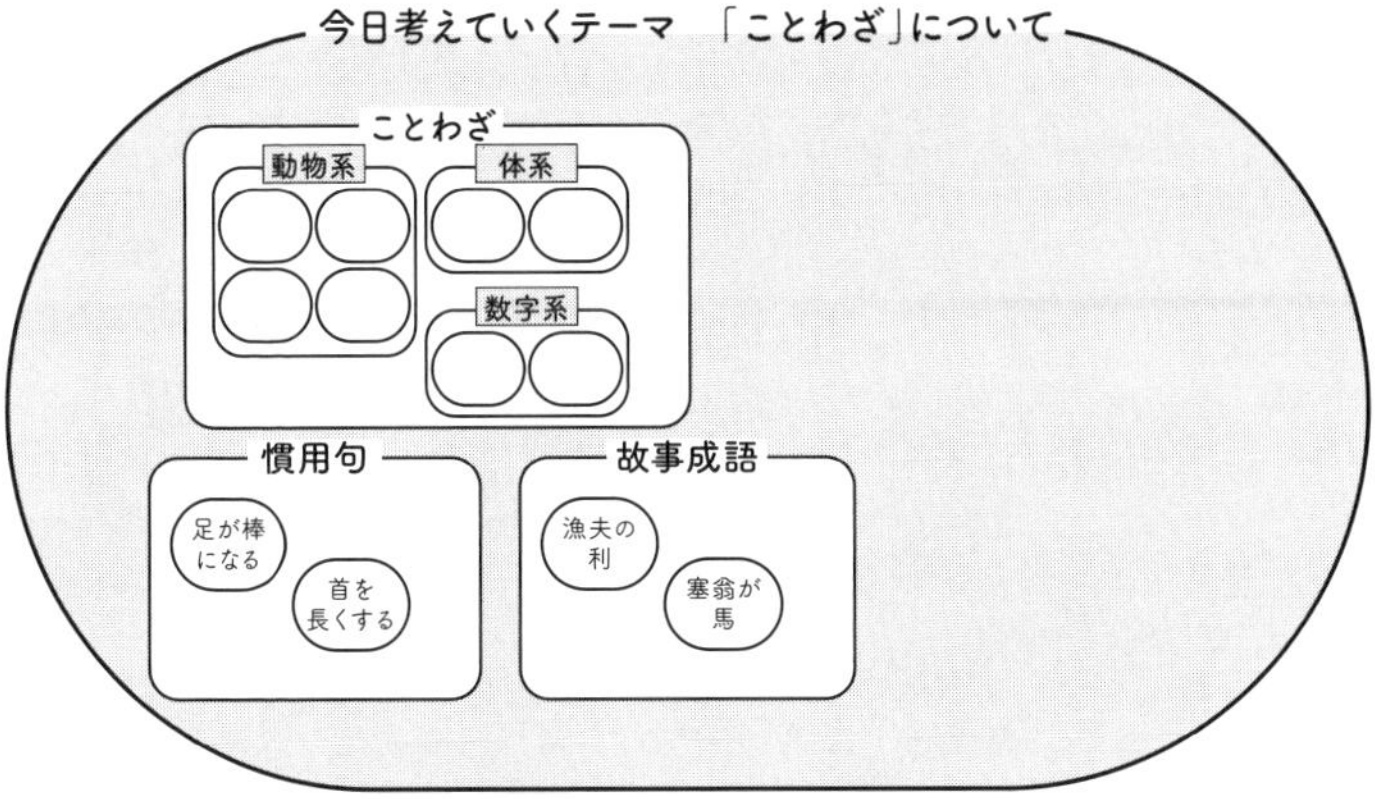

Ｔ「へえ、それは面白いね。なんか似ているようだけど、今日勉強している『ことわざ』と何が違うのかな？」

「そもそも…」という教師の問いかけによって、今勉強していることの「本質」や「ルーツ」に迫っていくと、その他の関連する知識にも学びを広げていくことができます。

Ｃ「先生、わかったよ。ことわざというのは昔の人の知恵みたいなものなんだって」

Ｃ「慣用句というのは『足が棒になる』みたいに、そのままの文の意味とは違った意味になっている表現のことなんだって」

Ｃ「故事成語っていうのは、中国にあることわざの仲間のようなものだって！　例えば『漁夫の利』とか『塞翁が馬』とかがあるよ」

このように「今勉強していること」と「関連すること」の違いがはっきりすることで、さらに「新しい学び」を発見していくことができます。

(2) 時間、場所、立場などの条件を変えて広げる

今度はこの関連する事項を、別の時代、別の場所、別の人物などから見たらどうなるか、「条件」を変えることで学びを広げてみます。例えば先ほどの「中国のことわざ」のように、「韓国のことわざ」「フランスのことわざ」と使われる国という条件を変えることで、さらに「新しい学び」に気づくことができます。

C「調べていたら他にもインドや、ブラジルのことわざっていうのもあるみたいだよ」

T「なるほど、外国にも昔から伝えられている知恵や教えがあるものね。じゃあ、今から他の国のことわざも調べてみようよ」

C「『情けは人の為ならず』みたいに、今と昔で意味が変わってしまったことわざもあるよ。これを調べてみるのも面白いね」

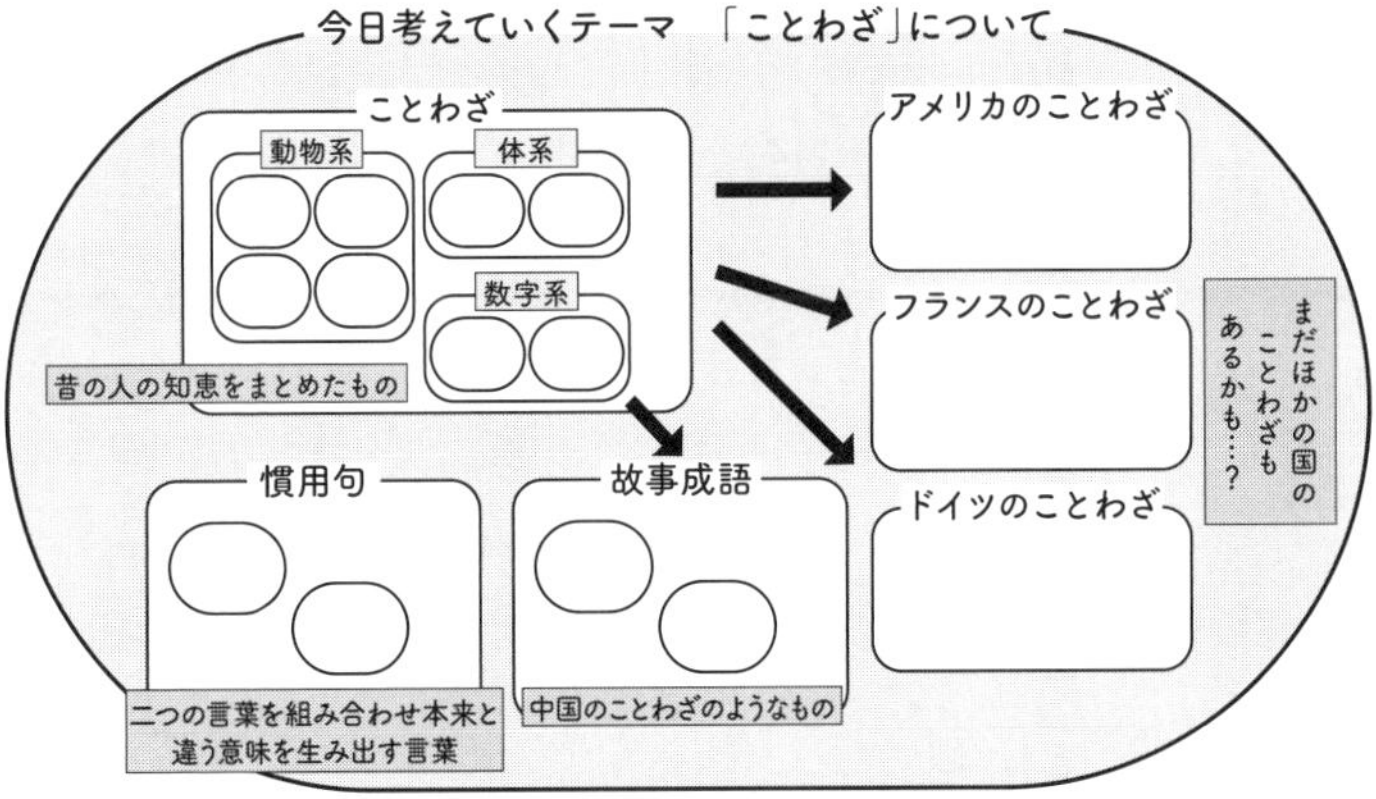

このように、**把握する→増やす→整理する→広げる**というプロセスによって、「ことわざ」という単一の学習テーマからでもさまざまな知識を得たり深めたりすることができます。たった一つのことでもじっくりと研究すると、私たちの身の周りには、何十年かけても調べきれないことがたくさんあることがわかり、面白いものです。教科書に書かれていることを一つのきっかけとして、授業ではその他のつながりや関係を広げることを意識しています。子どもたちの未開拓の知識に足跡をつけながら、「学びの世界」を新しく広げていくようなイメージです。

*

少し大げさかもしれませんが、私たち教師の役割の一つは、子どもたちが今まで知らなかった「新しい学び」に気づかせ、彼らの人生を豊かにする手助けをすることだと最近強く思うようになりました。

先ほどの「三年とうげ」の授業でもそうでしたが、「ここから授業をどうしようか」と迷った時は、その時子どもにとって「新しい学び」は何かという基本に立ち戻ることで、発問や問い返し、めあて、授業展開などの新しいアイディアが自然と頭に浮かんでくることが多いです。

このように一つの「材」から、子どもたちが「新しい学び」に気づくために、私が授業で常に意識しているポイントをまとめると次の3つになります。

・子どもたちの生活や、知っていることを手がかりに、材に関する話題を広げてみる。
・そもそもこの材がどのように生まれたものなのか本質的なレベルで考えてみる。
・時代や場所、立場などの条件を変えて材をとらえ直してみる。

この考え方は、2章で紹介する「めあてのつくり方」や「話の広げ方」のベースにもなっているもので、同じように考えることができます。

また、ここではことわざの授業を例に紹介しましたが、「理科の葉っぱの種類」「道徳の友情のとらえ方」「算数の直方体の展開図」「国語の登場人物のさまざまな気持ち」「社会の自動車工場の工夫」……など、どの教科でも、今紹介した「把握する→増やす→整理する→広げる」というプロセスを授業の中に取り入れていくことで、同じように学びを深めていくことができます。

これは、教科書を使った勉強以外でも活用できます。体育で「ボールを遠くまで投げるコツがわかった」、図工で「この色を混ぜるときれいな色ができた」、音楽で「ジャズ音楽のリズムの面白さに気づいた」といったような技能的・感覚的な発見も、子どもたちが今まで知らなかった知識の世界を広げていく「新しい学び」ととらえることができるでしょう。

「新しい学び」「まだ知らない世界」「新たな学びの一手」「子どものあたり前の向こう側」……いろいろな言い方ができると思いますが、教師として、授業では子どもたちの予想の常に一歩先を考えていきたいものです。

私自身、授業をしながらこの「新しい学び」の発見を子どもたちと一緒に楽しんでいます。「へえ、知らなかった！」と驚くようなやり方を子どもから教わったり、今まで勝手に思い込んでいた固定観念が子どもの一言で１８０度ひっくり返されたりすることがよくあります。アドリブ授業をしていると教師自身もそんなワクワクする世界に出会うことができるのです。

アドリブの「きっかけ」と「場面」

第1章のここまでの話を整理してみたいと思います。

①アドリブ授業とは、「教師の台本をとびこえた学びを、子どもたちとその場でつくる授業」のことです。

②教師によって決められた台本をそのとおりに進めるのではなく、子どもの実態に合わせて修正・微調整していくことで、想定を超える学びが生まれるよさがあります。

③授業を修正・微調整していく「アドリブ力」を身につけるためには、まず自分が普段やっている授業中の思考を言語化することが大切です。

④授業中の思考を言語化していくと、アドリブ授業で教師が意識すべき2つの要素が見えてきます。

⑤一つ目の要素は、子どもの知らない「新しい学び」を45分の授業の中で探し続けること。二つ目はアドリブの「きっかけ」を見逃さないことです。

⑤の一つ目の要素については、一つ前の項目で説明しました。

では、二つ目の「アドリブのきっかけを見逃さない」とはどういうことか考えていきましょう。

目的ではなく「手段」としてのアドリブ

再びの確認になりますが、本書で紹介している「授業のアドリブ」とは「子どもの実態や状況に合わせて、授業の台本を、瞬間的に修正・微調整すること」です。「20分したら急に授業が盛り上がってきた」という、自然発生的な変化はアドリブとはいえません。言い換えれば、私が考えるアドリブとは、授業の中で教師が**「意図的にしかけていくもの」**です（また、教師が計画とは違うことをしてさえいれば何でもアドリブになるかといえば、そういうわけでもありません。そこには、子どもたちの学びのよりよいゴールをめざすというねらいも必要です）。

「授業にアドリブを取り入れること」は目的ではありません。「動画を見た時の子どもの反応がよかったから」「教科書の挿し絵が気になったから」「普段発言しないこの子の意見を生かしたいと思ったから」……何かのきっかけをもとに（そして子どもたちの学びを広げたいというねらいがあって)、私たち教師は「アドリブをしかけよう」と思うはずなのです。

アドリブのきっかけを見つける4つの場面

この「アドリブをするきっかけ」は、授業の中のさまざまな場面で存在しているので、それを見逃すことのないように、いつも探し続けています。

そのような意識で授業を毎日していると、次の4つの場面でよく見つけることができます。

①授業の導入時(授業導入)
②板書をしている時(板書)
③授業の展開を変える時(展開)
④子どもを見ている時(見取り)

つまり、この4つの場面は「教師がアドリブをしかけるポイント」だともいえます。

また、これらは互いに関連し、つながり合ってもいます。例えば、「授業の導入時に子どもたちと話した雑談」がきっかけで「本時の板書イメージ」がふと思い浮かんだり、「子どもたちの活発な話し合いの様子」を見ていたら「新しい展開」を思い付いたり……場面ごとに見つけたアドリブのきっかけが呼び水となって、さらに新しい「きっかけ」の発見につながることがあります。

アドリブ授業の流れ

ここまで紹介したことをまとめると、次のようになります。

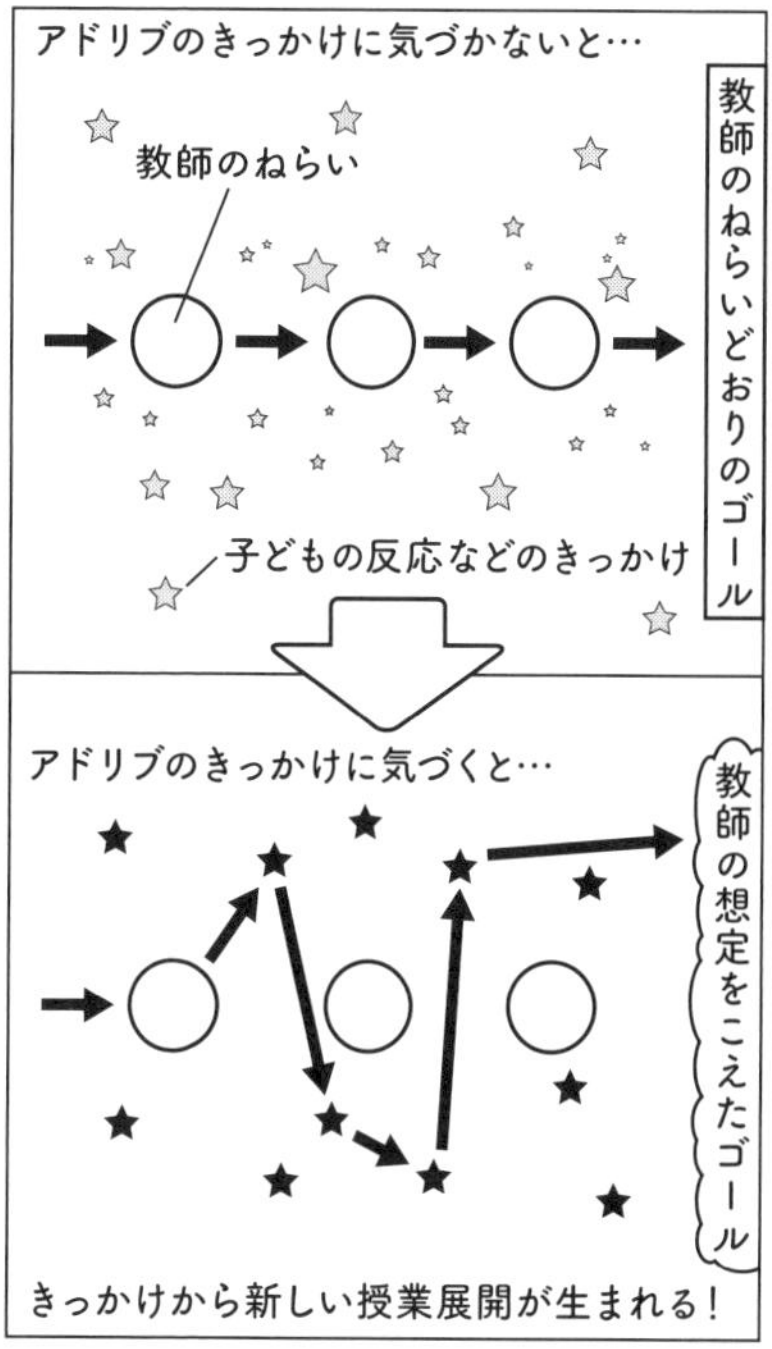

台本どおりの授業（上）とアドリブ授業（下）

例えば上図の上段のように、教師の台本どおりに授業を進めていくと、決められた活動を順番にこなしていく作業のようなものになってしまいます。それが子どもの実態と合っているときはよいのですが、もし「この台本が絶対」となると、はみ出す余地が教師にも子どもにもなくなり、型にはめこむような授業になってしまうこともあり得ます。

しかし、47ページの下段の図のように、教師の考えた台本をベースにしつつ、子どもの新しい学びを探すという姿勢で授業に臨むと、メガネをかけたように、このアドリブのきっかけが見えてくるのです。

このきっかけをもとにアドリブが生まれ、さらに新しいきっかけを見つけ、再びアドリブをしかけていく……。

このように、その場に合わせ、**授業の台本を更新し続ける**ことで、子どもの学びが広がったり、深まったりする。これがアドリブ授業の大きな特徴だと私は考えています。

第2章では、「授業中アドリブをしていくための視点」について今紹介した4つの場面（導入、板書、展開、見取り）ごとに解説していきます。

第2章

授業でアドリブをしかけるための視点

第2章では、第1章で紹介した4つの場面ごとに、大切にしているアドリブの「視点」を紹介します。

4つの場面

① 授業の導入時（授業導入）
② 板書をしている時（板書）
③ 授業の展開を変える時（展開）
④ 子どもを見ている時（見取り）

子どもと教師で行う「学びのチューニング」

この項目では、まず、①「授業の導入時」において、どのようなことを瞬間的に考えながら進めているか、その視点を紹介していきます。

＊

ピアノなどの楽器の音程を合わせるチューニング（調律）という作業があります。全ての楽器の音程をそろえることで、みんなが一つになって気持ちのよい演奏をすることができます。私たちが日々行っている授業でも同じことが言えそうです。「教師が教えたいこと」「子どもたちが授業に臨む気持ちや課題に対する理解度」「本時で設定する課題の難易度」……これらがバラバラで合っていないと、子どもたちの学びは広がる（深まる）どころか、滞ってしまいます。

授業における「チューニング」とは、**子どもと教師でこれらのズレをうめて、みんなが気持**

ちょく学んでいくための空間をつくることです。

ここで、いつもの授業の導入を思い浮かべてください。はじまりの挨拶をしたあと、先生方は目の前の子どもたちに、まず「何」を話していますか。

私の場合、前時に勉強したことだったり、その日の天気や最近のニュースだったり、子どもの話の聞く姿勢がよいことだったり……これから自然な流れで授業を始めていくために、簡単な会話からはじめています。

私の中で、この「授業のはじめの会話」には授業内容への自然な流れをつくる意味もありますが、以下のような「別の目的」もあります。例えば

・子どもの理解度の把握
・子どもが面白い気づきをしていないかの確認
・今日のクラスの雰囲気と「授業の台本」のズレの確認

です。

授業はじめの数分間は、会話の中でこれらのことを確認し、**子どもと教師がこれから学ぶことのイメージを互いに近づけて合わせていく**時間だととらえています。

講演会や学習会に行くと感じることですが、話が上手な先生は、いつもはじめに参加者にいくつかの質問を投げかけます。

そして参加者の反応を見ながら、「この話は前回も聞いている人が多いようだから、違う話がいいかな」「今回のテーマについてはみんな詳しく知っているようだから、少し突っ込んだ話をしようかな」「今日は主婦の方も多いから、家庭でも役に立つ話題も入れておこう」など、その日の話の骨格を瞬間的に決めていくテクニックが実に巧みです。

相手の実態に合わせて自分がこれから話していくことを組み立てるという点では、学校の授業で教師が意識すべきことと通ずる点があります。相手が子どもたちである授業の場合は、さらに次の2つを整えることが大切です。

①授業に向かう気持ち
②課題に対する理解

①授業に向かう気持ち

①については言わずもがな、当たり前のことですが、具体的には、

- **●休み時間の直後で気持ちが興奮している**
- **●次の席替えのことが気になって授業の準備ができていない**
- **●友だちとケンカしてイライラしている**

のような状況です。

このような状態の子がいる時はその子を落ち着かせて、みんなが一緒に勉強する雰囲気を整えていきます。この「気持ち」がクラス全体でそろっていない状態で授業を始めてしまうと、スタート時に気持ちを落ち着けることができなかった子が置いてけぼりになったり、授業中のめあてや友だちの面白い意見を聞き逃してしまったりして、「学びの化学反応」が起こりにく

くなってしまうことがあります。

②課題に対する理解

②は、課題に対する子どもの理解度を確認し、授業の難易度を子どもに合ったものに調整・修正していくということです。

いつも授業スタートの段階で子どもの反応を見て、「今日はどれくらいの難易度の課題にすれば、子どもの中に学習がストンと落ちるかな」と考えながら、その日の塩梅を設定していきます。例えば3年生の算数「大きな数」ではこのようなやり取りです。

T「前回の授業でどんなことやったか覚えている？」
C「10000より大きな数」
T「そうだったね。それでどんなことがわかった？」
C「あのね、万になっても一、十、百、千っていう4つの言い方を繰り返すの」
T「え、それってどういうことかな？」

C「読む時に後ろから4つずつ数字を区切ると読みやすくなるって、先生が授業の最後に確認してたでしょ」

T「なるほど、そうだったね。じゃあ今日はこんな問題をみんなで考えてみようか」

ここでは、教師がわざとわからないふりをしたり、質問に答えてもらったりする中で、子どもたちの理解度を探っていきます。

この時、質問に答えている子どもだけでなく、それ以外の子どもの**視線**がどこを向いているかもチェックしています。

この時点で自信なさげに下を向いている子が多かったり、質問に対する答えや理解がいま一つであったりする場合は、課題を少し易しくする必要があります。また、授業を展開していく中で、ヒントや説明の時間を確保できるように、頭の中の「台本」を修正・微調整します。

逆に、子どもたちが自信満々で「自分も答えたい！」という視線を送ったり、友だちの発表に深くうなずいたりしているようなら、課題の難易度をもう少し高くして、「他にどんな活動をすれば、学習をより深くできるか」という観点で考えます。
この授業導入の「チューニング」の数分間で、45分の授業の「ゴールまでの見通し」を頭の中でひとまずつくるようにしています。

「チューニング」にかける時間

では、この「チューニング」にはどれくらいの時間をかければいいのでしょうか。20分も30分もかける必要はありませんが、私は一つの目安として、「ちょっと勉強が苦手な子がこっちを向いて話を聞いてくれるまで」と考えています。そうなるまで、話題をいろいろと変えながらやり取りをしてみます。そして、その苦手な子も「今日やること」を理解できたら、クラス全体が学びのスタートラインに並んだととらえます。

「学びのチューニング」の時間は勉強が苦手な子のためにあるような感じもしますが、学習がよくわかっている子に「じゃあ、昨日までの勉強のやり方を、先生の代わりにみんなに教えてもらえるかな？」と説明してもらう場合もあります。そうすることで、勉強の得意、不得意に関係なく、教室全体にほどよい緊張感が生まれ、全員で「新しい学びを見つけていこう」という雰囲気がつくられていきます。

＊

ここで紹介した「チューニング」の時間に関しては、研究授業などで数々の苦い経験があります。授業が始まるやいなや、私だけが準備万端で、「じゃあ始めるよ！」「さあ今日はこの問題を解こうね！」と意気込んでいるのですが、子どもたちはポカンとしているのです。その後のグループ活動や全体の活動が全く盛り上がらなかったことは、言うまでもありません。

これは、研究授業で子どもたちがいつもより緊張していたからではありません。とにかく急いで授業を進めようとする私の前のめりなテンションと、課題に対する子どもたちの理解や気持ちとの間に、大きな溝ができていたからだと思います。もしこの導入の時に、子どもと私の溝を埋める「チューニング」の時間を丁寧にとっていれば、このような展開にならなかったかもしれません。

このように授業導入の「学びのチューニング」を意識していると、「教師の話をしっかりと聞いている」「課題に対してすごく興味がある」「早く解きたいというつぶやきがある」という姿がわかるようになります。「今日は子どもたちの気持ちや、意識がそろっているな」と表情から感じ取れる日もあります。

天候や時間割、その週の学校行事など、さまざまな要因も関連するでしょうが、子どもたちがこのような状態の時は、授業が始まった瞬間に「あ、今日の授業は台本で考えていたゴールよりもさらに遠くにいけそうだ」と感覚的にわかることもあります。

*

ここまで、授業導入の数分間で行う「学びのチューニング」について説明してきました。

しかし、「チューニング」には少し長い時間をかけて行うものもあります。新しい学級が始まったばかりの4月の頃は、「話の聞き方」や「発表の仕方」「ノートのとり方」などの「学びのルール」も、クラスのみんなで整えていくとよいでしょう。全く違う教室環境で育った子どもたちが新たに集まっているわけですから、授業に対してそれまで大切にしてきたルールややり方も最初はそろっていなくて当然です。子どもたち全員が安心して学習するためには、丁寧に時間をかけてクラスの学びの雰囲気を子どもたちとチューニングしていくことが大切です。

めあての言葉のひとり選考会議

めあての影響力

先ほどのチューニングに引き続き、授業導入で子どもたちに示す「本時のめあて」について考えてみたいと思います。この「めあてを提示する時」も、私の中でアドリブをしかける重要なポイントだととらえています。

まず前提として、「本時のめあて」は授業の方向性や見通しをもたせるだけでなく、子どもの気持ちを一気に高める「スローガン」のような役割もあると考えています。

私の場合、「本時のめあて」は授業が始まる前に頭の中であらかじめ考えておき、先述の授業はじめの「学びのチューニング」時に、子どもの様子を見てその場に合わせたものに修正・微調整します。

ではこの微調整とはどんなものか、授業を例に説明してみます。

3年生の理科の教科書に、ゴムの伸びと走る車の距離を比較するゴムカーの実験があります。この実験をする授業の場合、めあては次の3つの中でどれが一番よいでしょうか？

A「ゴムの強さのきまりを見つけよう」
B「よく走るゴムカーの秘密を調べよう」
C「一番遠くまで走るゴムカーをつくろう」

A、B、Cのどれでも正解です。でも、一つ注意すべき点があります。**最適なめあては、子どもたちのその日の様子によって微妙に変わってくる**ということです。Aのめあてのように学びのゴールを示したほうがよい時もあれば、Cのように具体的な活動がイメージできるものの方がよい時もあります。

事前に職員室の机の上で一生懸命考えためあてが、必ずしも目の前にいる子どもに合っているとは限りません。大切なことは、「その時の子どもの心境」と「めあて」がマッチしているかです。子どもたちが「なるほど今日はこれをやるんだな！」「よし。今日はこの勉強がんばってみよう！」と明確にイメージできるもの、心に響くものになっているかが重要です。

大げさに思われるかもしれませんが、活動や学習する内容は全く一緒でも、めあての言葉がたった一文字違うだけで、子どもの気持ちの乗り具合や活動への姿勢が全く変わってくることがあるのです。

例えば国語の「ごんぎつね」の授業で次のようなめあてを考えたとします。

◉A「ごんは兵十のあとをつけた時、なぜ正体をあかさなかったのだろう？」

◉B「ごんは兵十のあとをつけた時、なぜ正体をあかせなかったのだろう？」

この二つのどちらを提示するかによって、子どもたちがこれから考えていくことのイメージが変わってきます。Aのめあての場合、時間帯やシチュエーションなどの「物語の設定」に関する意見が多く出てきそうですが、Bのめあてでは葛藤する「ごん」の心情に寄り添った意見が出てきそうです。

自分の今までの授業を振り返ってみると、このようなめあての一文字を雑に扱ったせいで、せっかく何日もかけて準備した授業の意図が全く子どもに伝わらなかったというケースが何度もありました。そのため、めあての一文字一文字に気を配るようにしています。

また、めあての言葉自体に加えて、みんなで大きな声で読み上げるか、教師が静かな声で伝えるか、子どもたち全員がめあての文字をきちんと見（え）ているか、どのタイミングで提示するか、……このような条件も、子どもへの伝わり具合に大きく影響します。めあては子どもの文脈を考えて、繊細に調整が必要なものだとも言えます。あらためて、「めあて」はアドリブ授業を左右する大切な要素だといえます。

めあてのつくり方

ではそもそも、こうしためあてはどのようにつくっていけばいいでしょうか。ここからは、めあてのつくり方をもう少し具体的に説明していきます。

めあてをつくる時は、「え！　どういうこと？　それなんか面白そう」「そうそう！　そこの部分わからないんだよね。早く考えたいな」こんなふうに、「子どものその場の気持ち」に寄り添うものにしたいものです。

キャッチーな言い回しやインパクトも重要ですが、やはりそれ以上に、**「この授業で学ぶべき本質」がおさえられていること**が大切なのではないかと思っています。

こうしためあてをつくるために、まず授業前（場合によっては授業の最中）に教科書の該当ページを開き、次の3つのことを考えます。

①子どもとのつながり

教科書に書かれている内容と子どもたちの生活にはどのような関わりがありそうか。この授業で学ぶ内容が、子どもたちがこれから生きていく上でどのように生かされるとよいか。（子どもの生活とのつながり、ゴールイメージ）

②そもそもの意味

なぜこのページに書かれている内容は教科書で扱われているのか。そもそもなぜこの

勉強をする必要があるのか。これを知らないと何に困るのか。（扱う学びの本質）

③関連する内容
時間軸（過去、未来）や空間軸（他の地域）などを変えることで、派生・関連すること。（テーマの発展、応用、関連）

どの教科のめあてでも、この①〜③の要素をすべて入れることを心がけています。本書33ページで紹介した、「新しい学びを広げるためのポイント」の要素を、めあての中にあらかじめ仕込んでおくイメージです。そうすることで、本時の学習のねらいからはずれることなく、子どもたちのさまざまな意見や考えを引き出すことができます。

これら３つの要素を入れながらめあてを練る過程を、以前３年生の社会科で行った「昔の道具」の授業を例に説明します。「めあての３つの要素」はどの順番から考えていっても問題ないのですが、この時は①子どもとのつながり→②そもそも論→③関連内容の順番で、めあてをつくってみました。

①学習と子どもとのつながりを考える

まずは教科書の写真や文を見ながら、①の子どもたちの具体的な生活と今日の学びがどのように関連しているか、授業を終えたあとの子どもたちに実際の生活でどんなことを考えてほしいか・どんなことができていてほしいかを考えてみます。

（教師の頭の中）

「クラスの子どもたちが知っている昔の道具は何かな。そろばん、七輪などは生活科の授業で見たことあるのかも。CDデッキも授業でたまに使うかな。こまやけん玉も昔の遊び道具としてイメージしやすいものかもしれない」（子どもの生活とのつながり）

「今日の授業が終わった時に、子どもたちが今と昔をつないで、生活の中にある道具から『昔はこんな感じだった』と想像できる状態になっているといいな」（子どものゴールイメージ）

②そもそも論について考える

まずは、現在の子どもたちの実態、これから目指したいゴールにつながっていく要素を考えていきます。

次に考えてみるのが、②の「なぜこの学習をするか」という視点です。教科書に載っている内容は、きっと勉強することで、生きていく上で何か役に立つことがあるのは間違いないはずです。「そもそもなぜ教科書でこの学習を扱うのか」というとらえ方でもよいでしょう。

（教師の頭の中）
「そもそも、なんで今使わない昔の道具なんて勉強するんだろう。でも過去を知ることで、未来のことも予想できるな。また過去の道具のよさを知ることで、今の生活もよりよくなるかもしれない。だからこの勉強するのかもしれない」

私の場合は、どの教科でも、この「そもそも論」を考えることに一番時間がかかります。単元に入る前に、少し早めに教科書を確認し、通勤中や寝る前などに「小数って何だろう？」「磁石って何だろう？」「江戸時代を勉強するのは何でだろう？」と、その材に対する自分の考えを整理しておきます。このように日々意識するだけでも、めあてをひらめくヒントになります。何日考えてもその答えがわからない場合は、授業で子どもに聞いてみるのもよいでしょう。

昔、ある理科の授業のはじめに、「なんでチョウを育てるのだろう？」と思い切って子どもたちに聞いたことがあります。すると、ある子どもが「先生、今身の周りに使われている機械や発明品は、虫や植物の体のつくりをヒントにしてできているんだよ」と教えてくれました。大人も気づかなかったような「学びの意味」を子どもたちが教えてくれることもあるのです。そこがいつも面白いところです。このような学びの本質に気づけるような要素も、めあてに入れておくと授業が盛り上がります。

③関連する内容を考える

さらに、本時の授業で扱う主な材から視点を広げて考える展開も想定してみます。そうしておくことで、別の考え方につながったり、子どもの思わぬ意見と授業のつながりに気づけたりすることがあります。

（教師の頭の中）

「昔の道具だけでなく昔の遊び、昔の仕事、昔の音楽、ちょっとジャンルを変えて考えていくと、昔の生活の傾向もわかりそうだし、現代との共通点も見えてくるかもしれない。時間軸をさらに広げて『未来の道具』を関連させて調べても面白いかもしれないな」

めあての言葉の中に時間、場所、立場などの別のカテゴリーに広がりそうな要素（軸）を入れていくようにします。

このようにして、頭の中で材に対する考えを整理したら、①②③で考えたすべての要素が入っためあてをいくつかつくっていきます。その中から候補をリストアップし、頭の中で選考会議を開いて、子どもたちにとってぴったりくるものをさらに絞り込んでいきます。

△「昔の道具を調べよう」（このめあてだと②の学びの意味や③の関連に発展しにくいな）
△「昔の道具のよさを知ろう」（②学びの意味には近づけそうだが③の広がりが弱い）
△「道具はどのように変わっていったのか」（③の時間軸には気づけるが②には気づけない）
△「昔の道具と今の道具を比較しよう」（今と昔の対立になってしまうかもしれない）

……このように、心の中で自分が考えためあてにツッコミを入れながらめあての言葉を精選していきます。

この時は、三つの要素がすべて入っためあてとして「**私たちの生活はどのように変わっていったのだろう**」というものを考えてみました。このめあてにした理由は、「昔の『生活』を軸に考えていくことで、道具だけでなく遊びや文化などの違いにも触れられる。また、変化に注目していくことで『今でも使われている昔の道具』にも『未来の道具』にも気づけるのではないか」と考えたためです。

めあての中に「昔の道具」という言葉をあえて入れませんでした。それは、その日学習する教科書のページを開けば、昔の道具に関する意見は必ず出るだろうと考えたためです。

これでもまだめあては仮の状態です。先ほど考えためあてをベースに、ここからさらに言葉の言い回しや語尾も吟味していきます。

・私たちの生活はどのように変わっていったのか？
・自分たちのくらしはどのように変わっていったのだろう。
・私たちの生活はどのようにかわっていくとよいのだろう。

このように、教師の伝えたい内容は同じでも、めあての言葉の一文字によって印象がかなり変わってしまいます。子どもたちの学びをイメージしながら言葉を吟味していきます。

さらに欲をいえば、「教師も思わず考えたくなる要素」をめあての中に入れることができると、教師自身も主体的に子どもと45分間授業を楽しむことができます。

そうして考えた候補の中から、その日の子どもの状態に合わせて、ぴったりくるめあてを選びます。それでも、授業中にもっとよいめあてが思い浮かぶこともあるので、当日黒板に書くギリギリまで考え続けています。

子どもと話しながら頭の中でめあてを最終決定し、黒板に書くまでの数十秒の葛藤の時間は、緊張感がありとても楽しいです。

あえて型を3つに限定する

授業のはじめに子どもの実態を把握し、子どもにぴったり合った「今日のめあて」が決定できたら、授業が動き始めます。次にポイントになるのは、子どもたちが発するさまざまな意見を、どのようにまとめていくかです。ここからは、板書をしている時のアドリブの視点について紹介していきます。

以前の自分の板書を振り返ると、自分の板書計画に合わせるために、無理やり子どもに意見を出させて書きまとめようとしたり、自分の計画とは違っている意見を書かなかったり……そんな反省点がありました。ここ数年は、いろいろなやり方を試しながら、子どもの思考に合わせて、**その場で板書を考えること**を意識しています。

その場で考えると言っても、何もベースのないところから始めるわけではありません。板書にはさまざまな型があると思いますが、私はその場で考えながら板書するために、次に紹介する3つの型から考えることを基本にしています。瞬間的に状況を判断しながら板書する場合、たくさんある型の中からぴったりくるたった一つを瞬時に選ぶのは難しく、自分の場合は3つくらいが限界だと感じたためです。

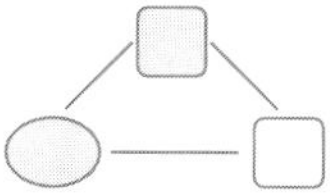

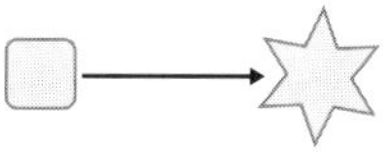

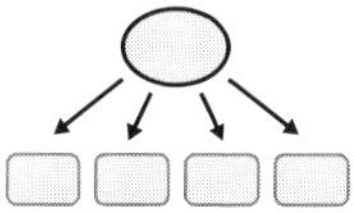

①複数のものの関係型（例：国語の相関図、理科の分類など）

複数のものとものの同士のつながりを視覚化する時／異なるものを比較する時／共通点を見いだす時など、関係性を見る時に活用。

②一つのものの変化型（例：物語の時系列、算数の考え方の変化など）

時間軸、気持ちの変化、段落ごとの展開、思考の手順、制作のプロセスなど、一つのものについて順序性や流れをきちんと把握したい時に活用。

③一つのものの具体と抽象型（例：道徳や社会のテーマとそれに対する具体例など）

価値観などの大きなテーマについて話し合う時や、さまざまな事例とそこからわかる本質について、具体と抽象で行き来しながら考えたい時に活用。

いろいろと試行錯誤しながら板書について考えた結果、この3つの型で対応できるのではないかと考えるに至りました（もちろん、板書には他にも派生したさまざまな型が考えられますし、それらを使いこなせることがベストではあるのですが）。

導入時に子どもとやり取りをする中で**その日の授業のイメージ**が浮かんだら、**3つの板書型のどれに近いか**を考えながら選ぶようにしています。例えば道徳の授業であれば、「今日は自然と人間の関係性を対比させて強調しよう」（①の型）、「話を時系列でまとめ、変化の過程に注目すると面白そうだ」（②の型）、「とにかく具体例を出してから、抽象化してきまりを見つけていこう」（③の型）といった具合です。

このように、まず、どの教科でも授業導入時にこの板書の型を頭の中で決めます。子どもの意見を聞きながら、自分がイメージした型のどのあたりに書くとよいかを考え、黒板に整理していきます。書きながら板書の完成像がイメージできてきたら、次ページの図のように、さらにしっくりくる板書にアレンジしていきます。

授業の中で子どもの思いがけない意見によって、計画と全く異なる流れになった時は、その場で頭の中の板書計画を修正することもあります。黒板の性質上、パソコンの画面のように、

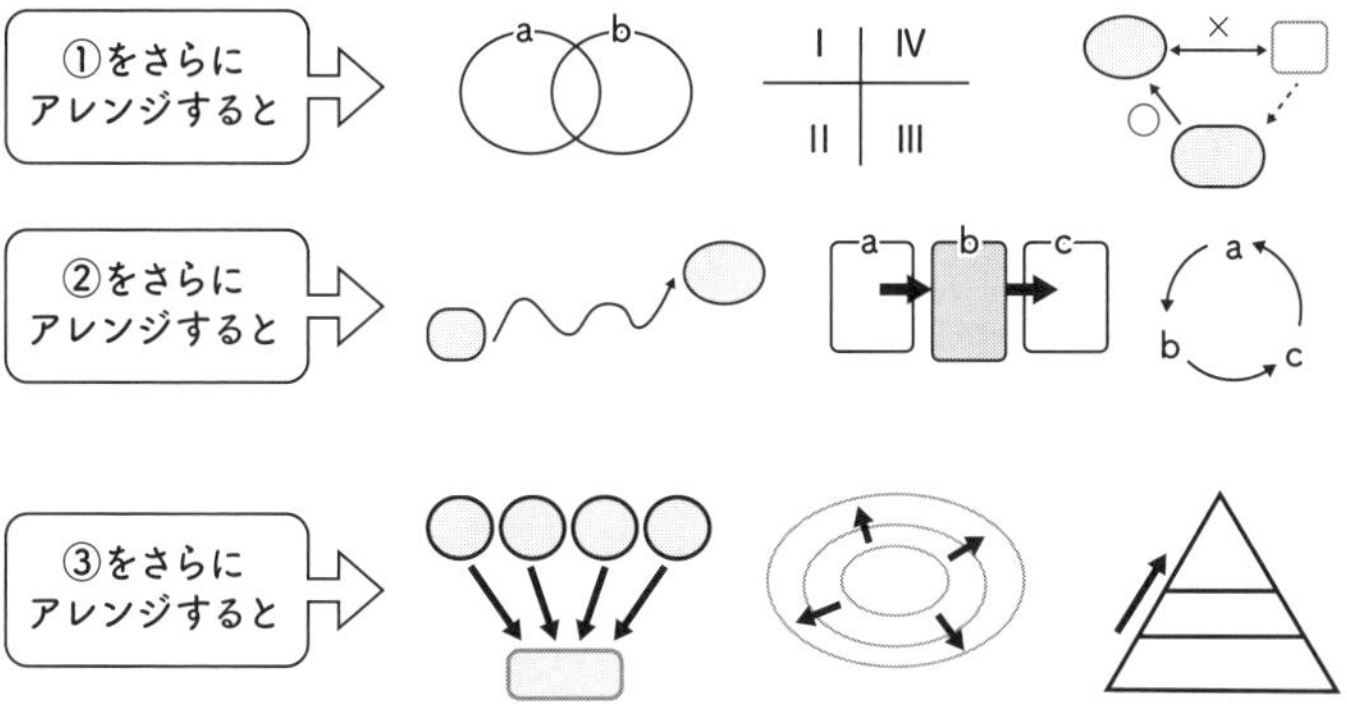

3つの型が派生すると

一度書いた文字を指でちょっとタッチして横に移動させる、といったことは今のところできないので、授業終わった後、自分が予想もしなかった、不思議な形になってしまうこともあります。しかし、子どもたちは「ここで自分の意見がとり上げられたな」「ここでクラスの意見がわかれたな…」と、板書全体を「一つの学びのまとまり」としてとらえ、写真などで記録していることもあります。これも黒板とチョークを使った板書の面白さです。そういったアドリブならではのよさも楽しみながら授業をしています。

書きながら考えていること

ここまで、板書の型の選び方を説明しました。今度は、実際に板書をしている時に頭の中で考えていることを説明していきます。

①どこから書くかを決める

まず、板書をどこから書き始めるかを決めます。例えば「今日のめあて」を上下左右、真ん中……黒板のどこに書くかによっても、その後の授業の展開が大きく変わってきます。縦書きの板書で、本時のめあてを右側から書き始めた場合、おそらく授業のまとめは「左」にくるはずです。

しかし、横書きの板書で真ん中にめあてを書いたらどうなるでしょう（上図）。右、上、下、どちらにまとめをもってくることも可能です。このように、めあてを横長の黒板のどこに書くかによっ

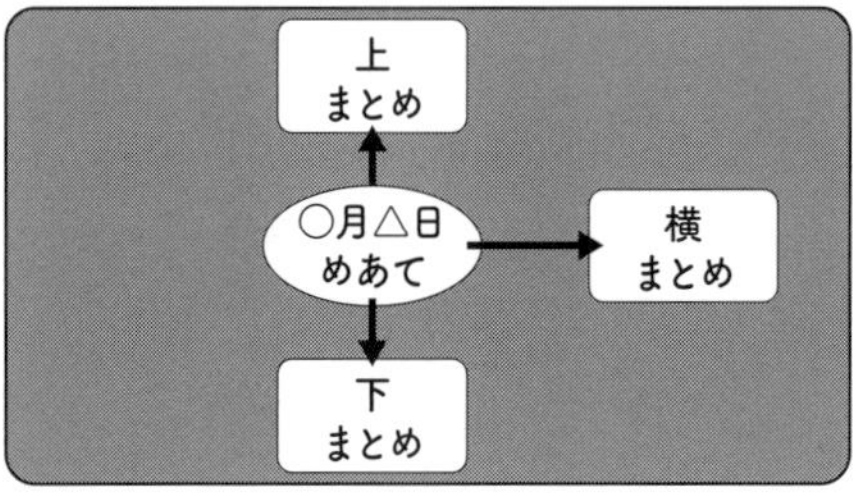

横書きの板書でめあてを真ん中に書くと

て、その授業の板書の未来がある程度決まってくると感じています。

特にその授業のテーマ、キーワードとなる言葉は、黒板を見たときに子どもたちが常に意識できる位置に書きたいと思っています。

②何から書くかを決める

もう一つ大切な要素として「はじめに何を書くか」も大切です。何も書かれていないまっさらの黒板は、ある意味、授業がはじまる前の「子どもの頭の中」と一緒です。そのため、はじめに書く言葉に意識が強く引っ張られます。私はまず黒板に子どもたちが45分間のやる気と見通しをもてるよう「本時のめあて」(「○○しよう」「○○はどうやればいいのだろう」のようなもの)を書くことが多いです。

また、めあてではなく、「命」「フードロス」などの一つのキーワードを書いてから授業をはじめる時もあります。その時は、その言葉を何にすると子どもたちが45分間の見通しをもてるかを事前に時間をかけて考えておくようにしています。

③考えのまとまりを意識する

授業が少し進んで、いろいろな意見が出てくるようになったら、似ている意見はできるだけ近くに固めて書くようにすると、まとめる時に整理しやすくなります。

他にも、子どもたちの意見が大きく分かれていると思った時は、左右対称の関係で書くことで、2つの意見の間にあるものに注目できます。この時、どちらの立場を右（あるいは左）に書くかによっても授業の雰囲気は変わってくるので、それを考えるのも割と楽しいものです。

また、授業中の質問や疑問で、「これはちょっと今やっている内容には関係ないかな…（どこに書いたものか、迷うな…）」と思われるものは、黒板の端に書いておきます。この意見が授業の終盤で子どもの発言と結びついて見事に回収されたり、意外な化学反応を起こしたりすることがあるからです。もしこれらの疑問や意見を授業中には扱わなかったとしても、黒板の端に書いておけば「今日のまとめ、疑問・次に調べたいこと」として、授業終末で子どもに提示することができます。

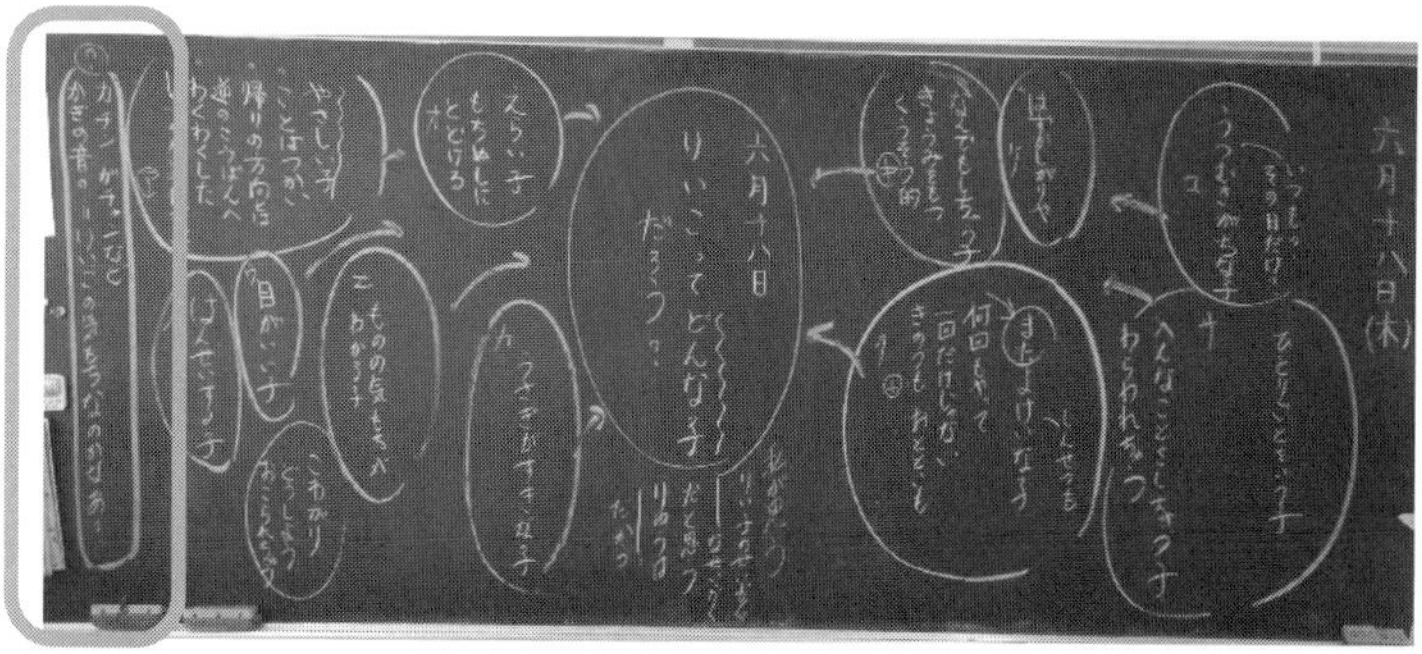

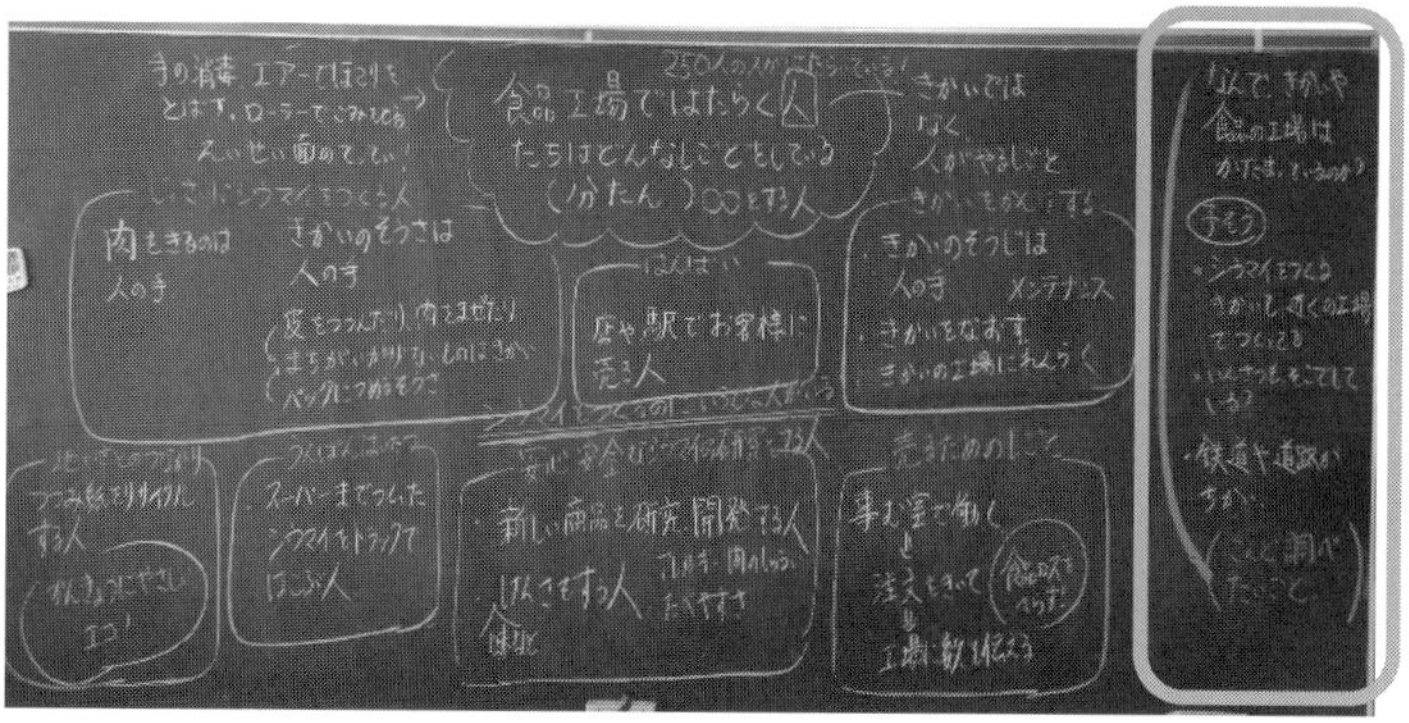

子どもの何気ない疑問を黒板端に書いておくと、授業中に解決できることもあるし、授業の終末で、「次調べたい事」というまとまりにして回収することもできる。

④枠や矢印はすぐに書かない

似た意見や関係のある考え方をわかりやすくまとめるために、枠で囲むことがあると思います。単純なことかもしれませんが、**枠ははじめに書かない**ことが大切です。（私はこんな簡単なことに気づくのにものすごく時間がかかってしまいましたが）はじめに枠を書くと、子どもにも教師にも「そこを何かで埋めなければいけない」という強迫観念が生まれ、枠のせいで本当に考えるべきことが無視されてしまうことがあります。枠がないことで、言葉どおり「枠にはまらない意見」も出やすくなります。ある程度子どもの意見が出尽くして、授業の終わりが見えてきたところで枠で囲むようにしています。

矢印も同様です。例えば、ただ「→」（左から右の矢印）を書かれただけで、おそらく私たちは視線を左から右に動かしてしまいます。（個人的な感覚かもしれませんが）それだけ矢印は視覚的に「動き」を生みだす強い力をもっていると考えています。

そんな矢印を授業のはじめにたくさん書いてしまうと、そのあとの展開に無理が生じたり、思考が固定化され変えにくくなってしまいます。そのため、矢印もある程度子どもの考えがま

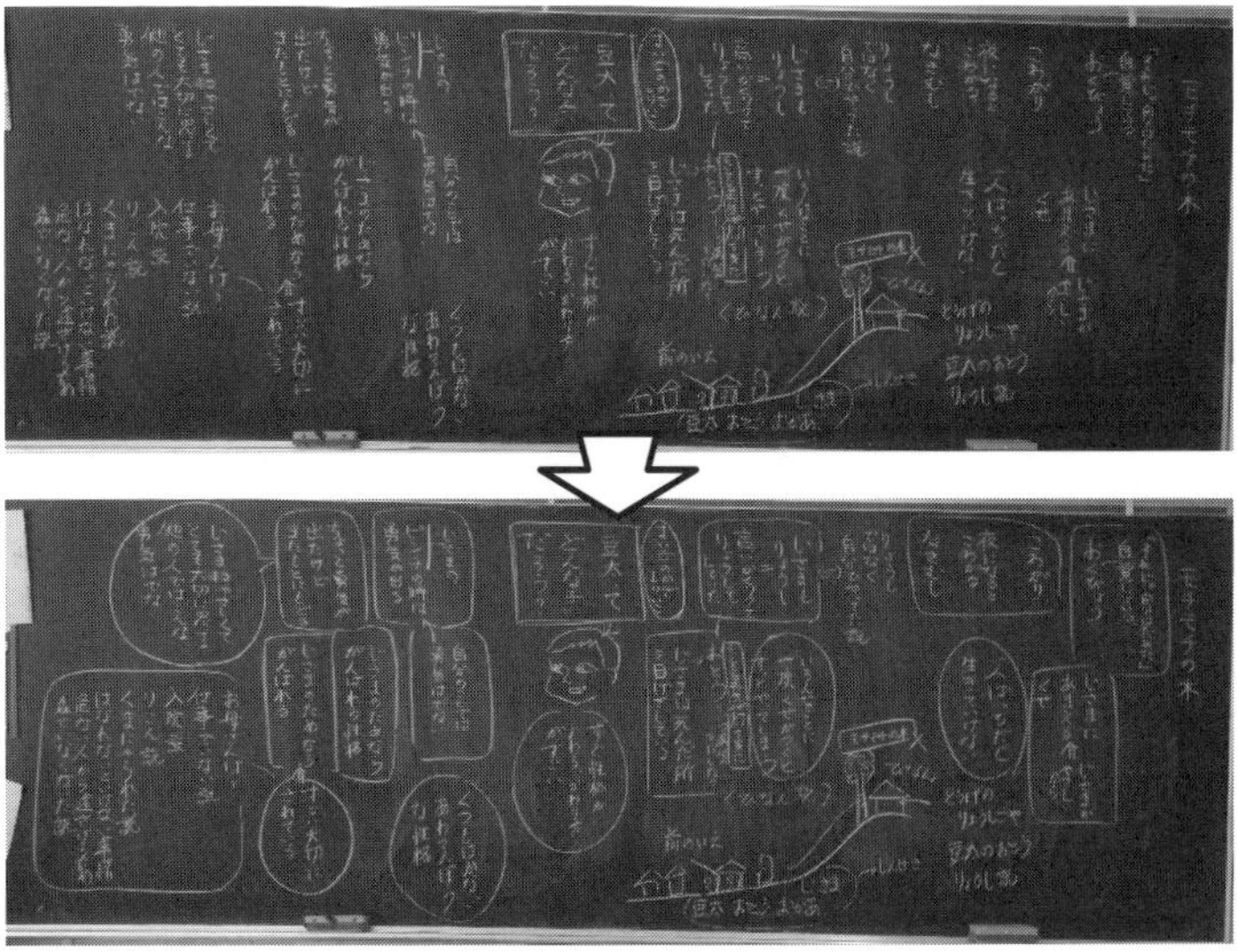

ある程度、授業のゴールが見えたら枠で囲むようにしている。

とまってきたところで引くようにしています（対立などの矢印を書くまでは、教師が手振りや指示で、関係性等を説明してあげるとよいと思います）。

初任の頃はどうしても、枠や矢印などの書きやすい「形」や「枠」から板書を書いてしまいがちでした。しかし大切なのは書かれている内容です。子どもから出た意見を黒板に少しずつ並べながら、そこからわかったことをまとまりにしていくイメージで進めるようにしています。

３章では実際の授業の中で板書を考えている過程もさらに詳しく紹介しているので、そちらも参考にしていただければと思います。

瞬発的な板書力を鍛えるために

ここで紹介した「その場で考え、つくる板書」も、授業と一緒でいつもうまくいくわけではなく、毎日試行錯誤の連続です。子どもから発せられる意見と自分の思考がぴたりと合って板書になっていくと気持ちがよいですが、うまくまとまらないこともちろんあります。しかし、「設計図どおりの板書」ではなく、子どもたちと一緒に考える板書を大切にしていきたいので、日々いろいろな方法を試しています。

その一つとして、日常生活の中でも板書のイメージをひらめくためのトレーニングをしています。グラフィック・レコーディング（会議の内容などを文字やイラストでその場で可視化する方法）とまではいきませんが、職員会議などの内容をノートにその場で構造的にまとめてみたり、朝学習で子どもたちの話し合いの様子を板書したりするのはすぐにできるのでおすすめです。

朝学習の話し合いは、何もゴールが見えない中で、どれだけ子どもたちの意見や立場を可視化していくか、いつも自分の頭をフル回転させて臨みます。10分間の話し合いでも黒板はすぐにいっぱいになります。もちろん黒板を埋めることがメインではありませんが、準備はせずに子どもとぶっつけ本番でやるので、板書によって臨場感や緊張感、勢いが生まれ、子どもの意見が活発になっていくのは授業でなくても楽しいものです。

私の板書のとらえ方

板書は見やすく、まとまりあるように書くことを目標にしてはいるのですが、（前述の通り）きれいに書けない時もたくさんあります。例えば、私の板書は子どもの言った意見をほぼそのままの言葉で書くので、文字の量がとても多くなってしまいます。もっとすっきりさせたいと考える一方で、たとえ字が崩れても、できるだけ子どもから出た意見を忠実に書こうという思いもあります。

そうする理由は、その授業で子どもからとっさに出た一言（例えば、道徳の郷土愛の授業で「ふるさとカルタは思い出の宝箱」など）が、その授業のすべてを表すキーフレーズになったり、文字を書きながら黒板全体を見た時に、言葉と言葉のつながりから思わぬ「発見」や「化学反応」が起こったりすることがあるからです。

黒板とチョークによる板書の最大のメリットは、**思考と文字のタイムラグが極めて少ないこ**

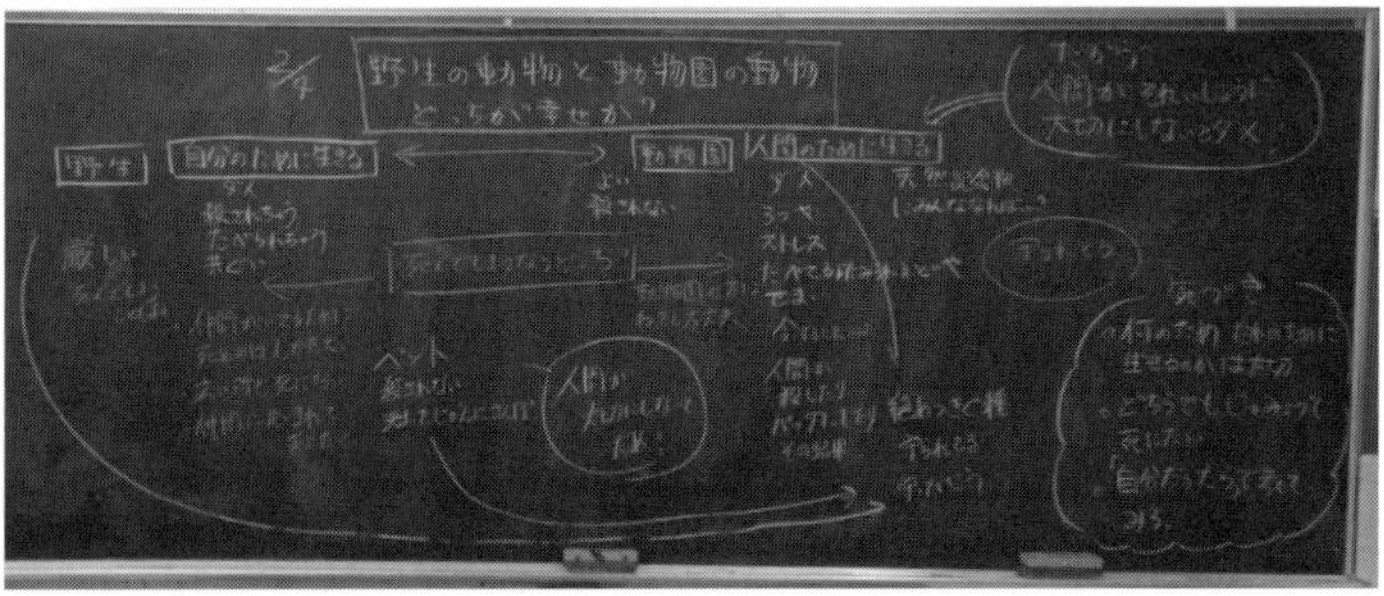

朝学習の「10分間の自由討論」の板書

とです。パソコンにもホワイトボードのような機能はありますが、子どものふとしたつぶやきから生まれるアイディアや発見はすぐに書かないと忘れてしまうので板書を使うことが多いです。また、板書は急いで書いた跡や、強調した時の強い跡など、「文字以外」のさまざまな情報を残してくれます。

何十年後かには、文字の大きさ、ちょっと急いで書こうとした筆跡のニュアンスなども含めて、私が頭の中でイメージした文字や図が0・1秒後にスクリーンに反映される技術が開発されるかもしれません。そうなれば私も「手書きの板書」をしなくなるかもしれませんが、それまではしばらく、授業の思考や臨場感も残せるこのチョークを使った板書をしていきそうです。

展開

「学びの共通点」から話を広げる

ここまで紹介した「授業のチューニング」「めあての設定」「板書の型の決定」は、授業開始後の数分で教師の方から「しかける」アドリブの視点だといえます。これらは、準備をしっかりとしておけば、ある程度は教師が準備したものをベースに進めていくことができます。しかし、ここからが問題です。子どもの自由な意見を取り入れながら話題を広げたり展開を変えたりと、「教師の話の技術」や「瞬間的な状況判断力」が試されてきます。

ここでは、1章で紹介した、「そもそも論」「条件を変えて広げる」（本書33ページ）を手がかりにした「その場で話を広げていく方法」を、もう少し詳しく説明していきたいと思います。

はじめにこんなことを言ってしまうと身も蓋もありませんが、私はあまり話がうまいとはいえません。気の利いた面白い返し方をすることも得意ではありません。

しかし好きな本やテレビ番組など、自分の好きなこと、知りたいことであれば、ずっと話すことができます。とはいえ、ただ自分の関心事を話すだけでは、「会話」にはなりません。そのため、普段の会話でも意識していることですが、授業では相手（子ども）と自分の共通点を探すようにしています。これを授業でどのように応用するか紹介していきたいと思います。

まず、ゲームでも、スポーツでも、自分が飼っているペットでも何でもよいのですが、**「自分自身（教師）が今好きなこと」と「子どもたちが今好きなこと」そして「今日の学び」この3つの共通点**を授業の中で探してみるのです。

今の自分の「生き方」が授業に反映されている

例えば園芸が趣味の先生だったら、理科の授業でもつい土や花の種類について解説に力が入ってしまうのではないでしょうか。育児や料理、家電といった、今の自分のライフスタイルがその時々の授業に反映されるのはよくあることです。こうした言葉は教師が話す「本当の言葉」だからこそ、子どもたちに学びのスイッチが入ることがあるのです。

「自分が一人の人間として今感じていること」「子どもたちが今感じていること」「そして今日の授業で学ぶこと」これらの共通点が見つかった時は、「台本にはない新しい学び」を生み出せるチャンスです。

以前、授業でこんなことがありました。

担任をした3年生のクラスに、お菓子作りが大好きな子がいました。いろいろなお菓子の種類やレシピを休み時間に研究している女の子です。その子がある日の休み時間に、一人一台配付されたタブレット端末で「金太郎飴」の作り方を熱心に調べていました。どんな材料を使っているのか、どんな具合で飴をまぜていくのかなど、かなり専門的なことまでです。


数日後、3年生の社会科で工場の勉強をしている時のことです。このことを思い出した私は、その子に「この前調べていた『金太郎飴』を作る動画すごかったね。あの工場の動画ってもう一度見られるかな？」と聞いてみたところ、その子はすぐに自分のパソコンを開き、クラスのチャット欄にその動画のURLを貼り付けてくれました。その動画を見たクラスの子どもたちからは「このお菓子の工場すごい！」「なんか、この前見学に行った部品を作る工場と似てるじゃん」と絶賛の声が挙がりました。そのあと私も好きな文房具や、家電製品の生産ラインの動画などをクラスのチャットにアップし紹介しました。

すると、自分の好きな食べ物やスポーツ用具、おもちゃなど、今度は子どもたち一人ひとりが自分の好きなものの生産ラインの動画を検索し、チャットで紹介し始めました。こんなふうに、教師自身の夢中になっているものや、子ども自身の夢中になっているものをうまく引き出し授業に関連させていくと、とても面白い化学反応が起こるのです。

山にトンネルを作る時にダイナマイトを入れる穴があること、セミの幼虫から生えるキノコがあること……その子の中にある「好きなもの」に乗っかっていくと、教師も驚くようなマニアックな世界を教えてくれることがあるのです。調べるほど奥が深く、どこにたどり着くかわからない、この「予想外の学び」がとても楽しいです。

授業の中の「なぞかけ」

このように「子ども」と「教師」と「学び」の共通点を探すことは、社会科や理科など、できる教科が限定されると思われがちです。しかし、そんなことはありません。例えば、道徳と園芸は関係なさそうに見えますが、道徳の中で花や草に関係する自然愛護の教材で「そういえば、今○○という花を家で育てているんだけど、実はこの植物もね…」といったように、何らかのつながりが見つけられそうです。

他にも、「料理」「スポーツ」「絵画」などはどうでしょう。一見関係なさそうなもの同士でも、

・道具を大切にすることが上達の近道である。
・一度、本物を見る、味わう、体験することが大切である。
・ものによってやり方・見せ方が違うだけで、基礎的なスキルの積み重ねが大切である。

等々、いろいろな広がり・関わりがあります。

先ほど紹介した「めあてのつくり方」の応用になりますが、このように全く関係なさそうなもの同士でも、そもそも論で考えたり、そのもの自体の本質的な部分まで抽象化していくと、意外と共通点が見えてくることがあるのです。

関係のないもの同士の共通点を見つけるというのは、言い換えれば本質を探りながら子どもと学びをつなぐということで、これはある種の**「なぞかけ」**だと思っています。

以前「先生、モンシロチョウってなんか『おでん』と似ているね」と授業中つぶやいた子が

いました。

一瞬何のことかわかりませんでしたが、「あ、昆虫の体が、頭、胸、腹に分かれてるのがおでんの形に似てるってことかな?」と尋ねると「うん、そう!」とうれしそうに答えてくれたことがあります。この子は昆虫の体の構造を身近なものに例えて、自分の知識にしたのでしょう。


このように、子どもがつぶやいたこと、自分(教師)が知っていること、教科書の内容……一見関係なさそうなこれらのことに「何かつながりがあるのでは?」と授業中いつも必死で探すようにしています。

このなぞかけ(子どもと教師と授業の共通点)が整い、新しい学びの視点が生まれる瞬間は何ともいえない面白さがあります。

マニアックな人から学び続ける大切さ

人は誰しも自分の中に、他の人には負けない専門的な知識をもっていると私は思っています。

「マニアック」という言葉は私の中で「専門性」「プロ視点」といった尊敬の伴う形容詞として

存在しています。教師と子ども一人ひとりがもっている専門性と授業の学びが教室という空間でつながる時、教科書をも飛び越えたさらに新しい学びが生まれます。

ただ、ここで誤解がないように補足すると、ここでお伝えしたいことは「『教師が好きなこと』『子どもが好きなこと』を45分間話し続ければよい授業になる」ということではありません（むしろ逆です）。もし仮に、私が「プラモデル」が好きで、自分の「コレクション」について授業で話し続けたら、それはただの「おしゃべり」です。教師あるいは子どもの好きなものが話題になっている時にも、常に「本時の学習内容」と関連させていくことが必要です。もし5年生の社会科でプラモデルの話をするなら、大量生産する時の工夫やパッケージデザイン、流通、市場調査や販売促進などのマーケティングの方法など、工業生産という学びの視点をもちながら「プラモデル」という材を掘り下げていき、クラスのオリジナルの学びにアップデートします。

私の身近にもすごい専門性をもっている先生がたくさんいます。生活の中の出来事をすべて数学で考えてしまう先生、土偶や古墳について詳しい先生、ダンスが上手ですぐに振り付けを覚えてしまう先生、陸上競技で使う器具や道具の種類について研究している先生……大人でも子どもでも自分の好きなことを真剣に語れる人は、学ぶ楽しさを知っている人なのだと思います。そんな夢中な人たちの話を聞いていると、自分の頭の中で新しい学びが広がっていくような感覚になるのです。

「自分が夢中になっているものや子どもがつぶやいたちょっとした豆知識を、どんな学びにも関連づけられる」そんな授業ができるように、自分の興味・関心や学びの守備範囲を広げていきたいと思っています。

展開

意外なつぶやきを「拾う場合」「拾わない場合」

ここからは、授業の展開自体を大きく変える時の判断規準について紹介していきます。

子どもたちが何でも生き生きと話せる雰囲気をつくることや、彼らの意見を受け止め、授業の中に生かしていくことはとても大切です。そうした雰囲気の中では、子どもたちが、すごい角度から突拍子もない質問や意見を投げかけてくることもしばしばあります。例えば、国語の授業で物語の登場人物の心情を考えている時に、「このお話をつくった作者は子どもの頃に、どんな生活をしていたんだろう…」といったつぶやきです。

このようなつぶやきが出ると、心の中で「うーん……ちょっとこれは今日の授業の流れとは関係ないよな」と思ってしまうことがあります。

また、研究授業後の協議会などで、「あの時あの子のつぶやきを拾って広げていたら、もっと違う展開もあったのではないでしょうか？」という議論もよく目にします。
しかし、その授業をしていた先生は、「今この意見を取り上げたら、きっとクラスみんなでここまで考えてきたものが崩れてしまう」という思いがあって、あえてその意見を深く取り上げなかったのではと思うこともあります。

では「授業と関係なさそうなつぶやき」は、授業の中で拾うべきでしょうか？　拾わずに進めるべきでしょうか？　これは、授業の展開を考える分岐点になります。こういった場合、次の規準で判断するようにしています。

意外なつぶやきを拾う場合

授業の流れと一見関係なさそうなつぶやきが出たとします。しかし**「その発言によって子どもの目の色が変わった」「その問いを解きたいと思う子と今解きたいという意欲がクラス全体に一気に生まれた」「そのつぶやきは単元全体を通して見たとき、目標と関連している」**そういう時は、本時の展開を思い切って変更し、そのことについてどっぷり議論するようにしています。授業で子どもたちの中に「今すぐにこの問題を解決したい」という切実な思いが生まれること自体、教師の計算でできることではありません。そんな気持ちがクラス全体に生まれたときこそ、学習が一番深まるチャンスだと私は考えます。子どもたちの好奇心に乗っかって授業の台本をガラッと修正することで、私も予想しなかった新しい発見ができることもあるのです。

一方で、このように授業の計画を大きく変える場合は、もともと想定していた内容をどのようにフォローするのかも大切です。次の授業や単元の中でこのいわゆる「脱線」した話にどのような意味があったかを回収したり、意味づけたりするのを忘れてはいけません。先ほどの例のように国語の物語で作者の幼少期の時代背景を調べたとしたら、その時代背景が表われている表現や叙述が他にないか改めて読んでみたり、同じ教材が時代によって教科書の中でどのように修正されているかを調べたりと、物語の解釈を子どもたちがさらに深めていけるようにする価値づけが重要になってきます。

つぶやきを拾わない場合とその後の対応

しかし、毎回子どもの意見を聞いて、授業の展開を変えているわけではありません。次のような場合は例外になります。そのつぶやきをした子ども以外は、みんなそのことに対して興味や疑問などをもっていない時です。

例えば、冒頭のように一見して授業と関係ないつぶやきをする子が出た時に、その子以外は「それは今関係ないでしょ」という雰囲気になる時もあります。

そんな時は、その疑問をもった子どもの発見も生かせるように次のような方法をとります。

その子から出てきた意見を黒板に書いておき、その横に「検索の虫眼鏡のマーク」を書いておくのです（本書78ページで、その時やっている内容とは直接はつながらない意見について、黒板の端に書いて授業の終末で回収するという話をしました。この虫眼鏡のマークを書く時はその時とは違い、子どもの興味が広がりすぎて本時や本単元では回収できそうにない時に使います）。

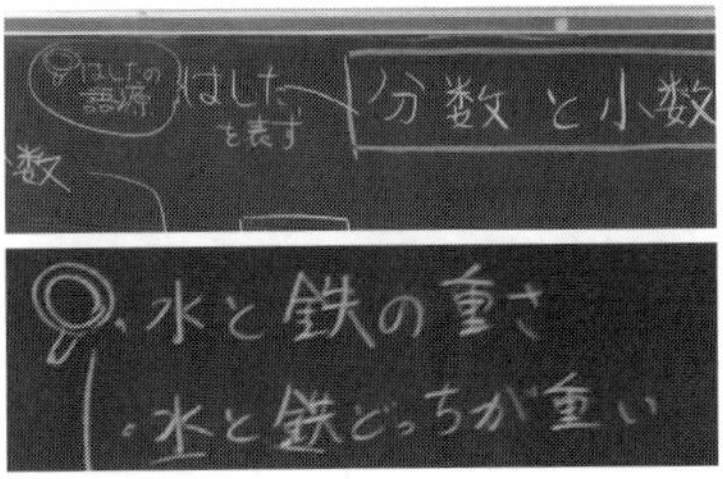

虫眼鏡の板書

これらは、たとえその日の授業の流れには関係なかったとしても、その子が気になったところであり、（その日扱わなかったとしても）学習と深い部分で関連していることが多く、大切な疑問だといえます。この「虫眼鏡マークの疑問」は、「問題を解き終わった人から

／ノートがまとめ終わった人から、〇〇君の意見が面白そうだからタブレット端末で調べてみてね」と子どもに投げかけます。そのつぶやきをした本人は一番気になっているはずなので、誰よりも課題を早く終わらせて一生懸命調べようとしますし、今日の学習が一段落した子も、今日の授業の発展として調べることに付き合ってくれます。そうすると授業を越えて面白いことが広がるように発見されていきます。

例えば、以前行った算数の「重さ」の授業でこんなやり取りがありました。

キロメートルなどに使われている「k」は単位を１０００倍するという意味だよ、と私が話したところ、ある一人の子が「キロ」「メガ」「ギガ」「テラ」よりももっと大きな呼び方（正確にはＳＩ接頭語と呼ばれます）があるか調べたいというのです。その時は他の子どもの反応も今一つだったのと、授業で他にも押さえることがあったので、黒板の端に「テラ、メガよりも大きい呼び方」とその横に検索の虫眼鏡マークを書いておくことにしました。

問題を解き終わった子から、子どもは各々パソコンを使って、単位についていろいろな事を調べ始めました。その子の疑問からクラスで調べたいことがさらに発展し、「匁」「貫」等の日本の特有の重さの単位を調べる子も出てきました。子どものこのような学びの広がり方はとても面白いと思います。

このように、授業では扱えなかった意見も、「虫眼鏡マーク」を黒板に書いておくことで新しい学びが生まれるきっかけになります。

数年前までは、子どもが授業中に気になった疑問は、質問リストにして週末に配付し、家のパソコンで調べてもらっていました。しかし今は自分が気になったことをその日のうちに、自分のタブレット端末で調べられるので、とてもよい変化だと感じています。

子どもの視線の意味を考える

つぶやきに限らず、子どもの表情や動きなども授業の流れを修正するきっかけになることがよくあります。ここからは、アドリブのきっかけとなる子どもの見取り方について、紹介していきます。

先生方は授業中、いつも子どもの何を見ていますか？

数年前、私は授業中の子どもの見取り方についていろいろな人に聞いた時期がありました。いろいろな研究会などで知り合った先生に先ほどの質問をしてみたところ、多くの先生が共通して見ていたものがありました。それは「子どもの視線」です。

その頃から、授業中、子どもの視線の先に何があるのかを意識するようになりました。

ここでは子どもを見取る要素の一つ目として「子どもの視線の意味」について紹介します。

子どもが見ているものは何かを観察する

子どもの視線をよく観察すると、子どもはその時一番興味のあるものに目がいっていることがわかります。友だちの話に興味がある時は友だちを見ていますし、実験器具に興味があれば、そこで起きている変化の様子をじっと見ています。子どもによって、その視線の先がそれぞれ違うのも興味深い点です。それまでノートを一生懸命書いていたのに、ある友だちが話す瞬間だけぱっと顔を上げることなどもあります。アドリブ授業をしていくうえで、そういった子ども一人ひとりの「視線の変化」を観察していくと、その子の注目していることがわかり、新しい展開が生まれてくることがあります。

「ながら」の時の視線の主を考える

例えば図工の工作などで、「友だちと作り方やコツを教え合う場面」などがよくあると思います。この時ポイントなのが次の2つの違いです。

A　話しながら作っているのか

B　作りながら話しているのか

この二つは、似ているようで全く違います。子どもがこのAとBのどちらの状態なのかを見極めなければなりません。

A　「作ること」が主の場合

この場合、子どもの視線はひたすら作品に向いています。「へえ」「それいいね」「○○にするといいよ」など、話しかける友達と一定のコミュニケーションをとりつつも、自分の作品から視線を動かしません。このような場合は、自分の中で新しく気づいたことを整理したり、考えたアイディアを試したりしている最中だと考えられます。このような時は、材に触れている子どもの「手の動き」を注意して見取るようにしています。

B　「友だちと話すこと」が主の場合

対照的に、友だちと顔を見合わせて話していて、手元の作品に視線があまり向いていないという時は、会話から情報を収集することに意識が集中していることがわかります。これもその子の新しい学びを生み出すうえで大切な過程なので、このような場合は遠くからその会話の内容を意識して聞くようにしています。

このように、「ながらの活動」をしている時の「視線の主」は、子どもがアウトプットとインプットのどちらをメインに活動しているかを知るためのヒントになるといえます。

また、集中の度合いを見取ることもできます。例えば、図工の作品や、計算ドリル、テストなど、一人ひとりに教材が与えられているような活動で、**子どもたち全員の視線が教材に向き合っている時**は授業に集中できていることが多いですし、課題の難易度がその時の子どもにちょうど合っているというバロメーターにもなります。

他のクラスの授業を参観させてもらう時も、その子どもたちのすべてを一度に見ようとするのではなく、まずは子どもの視線に注目し、その子の活動を見るにあたってどこに焦点をあてるとよいのかを考えることで、見取りの解像度が上がっていきます。

注意すべきケース

しかし、**視線が常に落ち着かない**子は少し注意が必要かもしれません。活動内容や状況にもよりますが、手が止まったままで作業が全く進んでいなかったり、授業とは別のことを考えていたりと、集中できていない可能性も考えられます。そういった子どもの視線に気づいた時は、適切な支援が必要なタイミングなのかもしれないと考え、「なにか困ってることある？」と声をかけるようにしています。

言葉をこえる「目」のメッセージ

授業中、**クラス全体で意見を交流する場面での子どもの視線**についても少し触れておきたいと思います。

みんなで意見を交流している時は、一人ひとりの目の開き具合にちょっと注目します。低中学年は特にそうですが、自分の考えをみんなに聞いてもらいたい時には、目を少し大きく開いています。そういう子に発表してもらうと、授業が大きく活気づいたり、新しい視点が生まれたりすることが多いと感じています。

逆に興味がないと、目がぼんやりとしがちなので、クラス全体がぼんやりとした目をしている時は、教師の授業が子どもの文脈と合っていないと判断することもできます。その場合は、意図的に新しい一手を考え授業の流れを調整・修正していく必要があるかもしれません。

このように、視線という情報に注目するだけでも、面白い発見がたくさんあります。この他にも、子どもたちは授業に対する反応をさまざまな形で私たちに伝えてくれています。その一つ一つの反応によって、授業の道筋を変えるべきか否かをその場で判断していくことができます。次の項目ではそのことについてもう少し紹介していきます。

見取り

子どもが発信する「情報」をとらえる

視線の他にも、授業中に子どもたちはさまざまな情報を私たち教師に発信してくれています。

例えば次のようなものも、子どもが発信している大切な情報だと考えられます。

教師が注目するとよい授業中に子どもが発している情報

【授業への準備（机上に何を用意しているか）】
・机に置かれているもの（その日の活動のために準備している道具など）
・教科書や資料集、タブレット端末の開いているページ
【たたずまい】
・姿勢（体の向き、手を挙げる角度、足の位置）
【スピード】
・資料集や辞書のページをめくる速さ
・鉛筆の動く速さ　・ノートを進めるペース

【交流のしかた、つぶやき】
・交流する時の友だちやグループ
・声の大きさ　・話し方（敬語か、くだけた会話口調か）
【視線】
・視線の動き　・視線の先　・目の開き具合
・教材や課題を見ている時間
・教科書や資料を読む時の目の動きの速さ

これはある学習会で他県の先生から教えていただいたことなのですが、子どもから見取ったことの解像度をさらに上げる方法として、「教師の対話」があります。

このことを聞いてから、「子どもと対話しながら見取るもの」も意識するようになりました。

先に挙げた子どもが発している情報を注意しながら見ていく中で、教師が「ん？」と違和感をもった行動などがあったら、そのことについて子どもの活動を邪魔しないタイミングで尋ねてみるのです。

「なんかじっくり本を見ていたね。どんなことが気になったの？」「もうそんなにたくさん書いたの！」「すごい集中力だね。なんかいい発見があったのかな」と聞いてみると、子どもはその時頭で考えていたことを、「これはね…」とぼそっとつぶやいてくれることがあります。このつぶやきの中には教師が「へえ！」と思わずうなってしまうような重要なことが意外と多いのです。

ただ、（こんなことを言ってしまうと身も蓋もありませんが）45分の授業で子どもたちのすべてを見取ることは不可能でしょう。もし仮に「この子は今日こんなことに気づいていたぞ！」と私が思っていても、その子は全く違うことを考えていたかもしれません。「見取れた」と感じても、ただの教師の都合のよい解釈なのかもしれないと思うこともあります。しかしそれでも45分の中で、「子どもの中に起こった変化」になんとか気づけないかという気持ちが常にあります。

通知表の所見に関しても同様です。「所見は書いた方がよい／書かなくてもよい」という議論をよく耳にします。しかし、大切なのは「子どもを見取ろうとする教師の姿勢」であり、それは、所見を書くと書かざるとにかかわらず、常に忘れてはいけないということです。その気持ちがないことには見えてこない子どもの真実がたくさんあるのだと、授業をする度に思うのです。

「見取り」というのは私の中でこれからも考え続けていきたい「ゴールのない挑戦」です。「子どもの中の変容」という、ＡＩでもわからないかもしれないことを、教師という「人間の目」でどこまで言語化していけるか、そんな挑戦をこれからもしていきたいと思っています。

見取り

子どもの行動の価値に気づく

見取りに関する視点として、最後に「教師が子どもの行動の価値に気づくこと」についてお話しします。

先ほどの項でも紹介したように、45分の中で子どもが発するすべての情報に気づいていくことは難しいです。しかし、「この子の行動には、こういう意味があったんじゃないか」と私たち教師が価値に気づき、それを子どもたちに伝えていくことで、新しい授業の展開が見えてくることがあります。

45分の授業を通して、子どもたちには何かしらの変化が必ずあるはずです。その変化した部分を子どもたちにしっかりと伝えて自覚化させてあげたいものです。教師として当たり前ことかもしれませんが、そのためにはまず、**その子の立場になって考えてみる**ことから始めてみます。

「大成功」は子ども一人一人によってちがう

例えばこんな子がいたとします。

総合的な学習の時間に行われる発表会の練習をしています。声は小さく、台本をずっと見て、パソコンで調べたことをそのまま読んで発表しています。しかしこのような発表だとしても、その子にとっては「大成功」といえる場合があるのではないでしょうか。

当たり前のことですが、授業中の変容は子ども一人ひとり違います。授業が始まった時は、「恥ずかしいからみんなの前で発表できない」と言っていた子が、授業の終盤では、台本を見ながら、小さな声であったとしても、例のようにみんなの前で発表をできたとしたら、どうでしょうか。「すごく勇気を出してがんばれたね。声もどんどん大きくなっているから本番の発表も楽しみだね」と、まずそのすごさを、100％の言葉で価値づけていく必要があります。

また、その時に教師だけでなく、その子の発表を聞いていたクラスの子どもたちにも感想を言ってもらうことも大切です。ほんの些細なものであっても、「恥ずかしがらず発表していたと思う」「スライドもよく考えられていてよかった」など、その子の発表のよかったところを周りの子たちが見つけ、伝え合えるクラスの雰囲気を日頃からつくることも、子ども一人ひとりの力に教師が気づいていくうえで重要だと思っています。

学ぶ側であり続ける

なぜ、そしていつからこんなことを考えるようになったのか自問してみると、思い出したことがありました。

＊

学生時代、私の専攻では美術の実技実習が必修でした。つまり毎週、絵や写真、立体作品を提出しなければならなかったのですが、計画性がない私は、前日にあわてて作品を作って提出することがよくありました。

「こんな作品を見せたらきっと教授に怒られる」とガチガチに緊張しながら品評会に臨んでい

ました。誰がどう見ても、昨日の夜からあわてて作ったんだなとわかる作品にもかかわらず、先生方は必ず「これは○○という作家が作った作風とちょっと似ているよね」とか「この光の感じは写真だと意外と出しにくいんだよね。偶然かもしれないけどこの光の雰囲気がいいよね」と、作品に何かしらの価値づけをしてくれました。その言葉がどれだけ自分を勇気づけたかは言うまでもありません。

その言葉があったから、それからも制作を続けようと思えましたし、「今度からはちゃんと時間をかけて作品を作ろう」と私の意識も少しずつ変わっていきました。いい年をした大学生の私がそうだったのですから、小学生の子どもたちにとって、そういった教師の「価値づけの言葉」が重要であることは火を見るより明らかです。この時の大学の先生の言葉は今でもたまに思い出します。このことは、教師をするうえで忘れてはならない大切な考え方の一つになっています。

教師として子どもを見取る時に、子どもの動きや発言など、目に見える・聞き取れる情報を瞬時にキャッチし授業を修正・微調整していく力はもちろん大切ですが、「君がやったことにはすごい価値があるよ、これからもどんどんやってごらん」と、まだ**目に見えていないものの価値に気づき、それを伝えていく力**も同じくらい大切だと思っています。

*

ではこのような教師の「価値づけの力」はどのように高めていけばいいのでしょうか。子どもたちをじっと見ているだけでは、なかなかやっていることのすごさに気づけない……そんな場合は、事前に、またはその場で、子どもと同じ活動を教師も一緒にやってみることをおすすめします。

これは「小学校あるある」かもしれませんが、運動会で発表する「ソーラン節」を実際に踊ると、その大変さが身にしみてわかります。みんなの前で踊る緊張感、後半になると手や足がしんどくなる感じ……実際に自分が踊ってみないと意外とわからないことがたくさんあります。

図工の作品なども同じです。作ってみることでその難しさがよくわかります。子どもの作品を見て「この輪ゴムのかけ方、センスあるなあ」とか、「結構難しい部分に穴を開けてるんだなあ。どうやってこれは開けたんだろう？　ちょっと聞いてみようかな」といった具合です。

先ほどの、芸術家と呼ばれるような私の大学の先生は、常に自らも作品を作っていたからこそ、悩みながら作った学生の作品の価値に気づけていたのだと思います。もしその先生たちが「作る側」でなかったら、その価値には気づかず見過ごしてしまうのかもしれません。

小学校の教師にも同じことがいえます。子どもたちのやっていることの価値に気づくためには、教師である自分が常に「学ぶ側」であり続けなければいけないのだと、最近強く感じるようになりました。

例えば通知表の所見などで、社会の得意な先生は社会の授業に関する記述が多くなったり、体育が得意な先生は体育の試合に関する所見が多くなったり……自分が得意な教科の所見文はすらすら書けてしまうという経験はありませんか。しっかり研究をした授業なら、ノートや作品を見ただけでその子の努力や人間性まで見えてくることがあります。小学校の教師として、得意な教科があるということは、その教科における明確な評価の視点をもっていることの裏返しだともいえます。

私の中で「子どもに教えること」と「教師自身が学んでいること」はいつも限りなくイコールです。これは私の反省なのですが、自分自身が教材研究などの「学ぶこと」をなまけてしまうと、子どもがその授業の中で何を一生懸命学ぼうとしているか、気づけなくなってしまう時があります。まず教師である自分が材と向き合い試行錯誤しなければと痛感させられます。

そんな感覚をいつも正してくれるのは、初任の先生の授業を拝見する時です。初任の先生は教職に就いた４月から、きっと誰よりも最前線で「学ぶこと」と向き合っているからだと思います。授業中子どもたちが何に悩んでいるかすぐに気づき、真っ直ぐな言葉で子どもたちの活動を価値づけています。初任の先生に限らず、常に挑戦しつづける先生の授業は、いつもぼんやりとしてしまっている自分の頭に、ガツンと鮮烈な刺激を与えてくれます。

アドリブ授業をするには何から練習すればよいか

2章では、授業の場面ごとにアドリブの視点を紹介してきました。アドリブ授業は、ここまで紹介したような視点を瞬時に思い浮かべながら、学びのきっかけをつなぎ、進めていく授業ともいえるでしょう。

しかし説明している私自身、はじめからこのような考え方で授業ができていたわけではありません。これからアドリブ授業を始めようと思っても、ここまで説明してきた内容だけでは、何からはじめたらよいのかわからないかもしれません。

そこで、初任の頃から現在に至るまで、私が授業のアドリブ力を鍛えるために、実際にやってきたことを本章のまとめとして紹介します。個人的な練習方法ですが、先生方の何かの参考になれば幸いです。

＊

私がこれまでに紹介したようなアドリブ授業をはじめるまで、大きく2つの段階があったと感じています。

段階①　授業づくりの時間を短くしていく段階〈授業前〉
段階②　考えながら授業を進めていく段階〈授業中〉

この2つの段階を、順番に解説していきます。

①授業づくりの時間を短くしていく段階

まず、「授業の準備」について説明していきます。ここはまだ授業を始める前の「授業づくり」の説明だととらえておいてください。

私が初任者だった頃を振り返ってみます。第1章でもお話ししたように、当時私は授業の流れが書かれた台本を毎日作っていました。今でも、そのこと自体が無駄だったとは思っていません。というのも、毎回台本（指導案）を書いていくうちに、自分に合った授業の流れや時間配分があることに気づくことができたからです。「まず前時の授業の振り返りをして」「今日のめあてを書いて」「グループで話し合いをさせて」「練習問題を解いて」「今日の振り返りをして」……こういった**基本の授業の流れ**が自分の中にできたからこそ、何かあっても必要に応じてその流れに戻ってこられる力がついたのだと思っています。

「本時のめあて」や「板書」についても、いつも事前にじっくりと考えていました。はじめのうちは45分の授業を考えるのに何時間もかかっていましたが、その考える時間を毎日少しずつ縮めていくようにしました。「3日前は1時間かかっていた授業準備が、今日は50分でできた」というように、時間を決めて集中して考えていくと、授業をしていくうえで必要なものとそうでないものが見えてくるようになります。最終的には、**「無理してたくさん準備をしすぎない方がよい授業」**と、理科の実験器具などのように**「最低限の準備はしておくべき授業」**の2つが自分の中でわかってきました。大切なのは、今日よい授業をしていくために、子どもにとって何が必要かを見極めることです。

このように、授業づくりを重ねて自分の傾向や得意なスタイルを知ることは、このあと授業でアドリブをしていくために非常に重要です。基本的なことかもしれませんが、まずは「台本」自体をしっかり作れるように積み重ねます。

このように授業を考える時間をどんどん短くしていけると、他にもよいことがあります。それは、自分の机の上でまとまった時間を取らないとできなかった授業づくりが、**作業場所や時間を選ばずできるようになる**ということです。

休み時間の子どもと遊んでいる10分間、ノートを回収している1分間、子どもにプリントを配付している20秒間、チョークを取ろうとする5秒間……教材やその日の授業について考える時間を「秒単位」まで短くできます。ここがアドリブ授業でする時のポイントとなります。つまり授業中、子どもが目の前にいても、その反応を見ながら、めあてや発問づくりなどその場に合わせて瞬時に修正・微調整する力につながっていきます。

ここでいう「授業をつくる時間を短くする」とは、思考の質を下げて、授業の内容を単純化・パターン化するということではありません。**考え方の質を落とさずに、頭の回転をどんどん加速していく**イメージです。

この段階では、授業中に思いついた発問や展開などをその場で行うのはまだ難しいと感じると思います（私もそうでした）。ですので、事前にいくつかのパターンを準備しておく方法から試してみてください。アドリブ授業の序章として、子どもと新しい学び生み出す可能性を広げていくことができます。

②考えながら授業を進めていく段階

さて、こんなふうに授業づくりを短い時間でできるようになったら、次の段階です。アドリブ授業へと歩みを進めるためには、台本に書かれていることを「こなす」だけではなく、子どもの実態に合わせながら、その場で自分がやるべきことを考えていかなければいけません。

第1章では「横断歩道の渡り方」を例に、「いつもの行動パターン」が身についていることの大切さを紹介しました。この例に従って、授業における教師の「いつもの行動パターン」があるものを考えてみたいと思います。それは以下の4つにまとめられます。

①子どもと話すこと（話：主に授業導入）

②授業の見通しをもつこと（展開）
③板書すること（板書）
④子どもの活動を見ること（見取り）

当時の私は、この４つができていれば、ひとまず「形」としての授業は成り立つのではないかと考えました（ここでお気づきの方もいるかもしれませんが、私が第２章で紹介した「アドリブのきっかけを見つける４つの場面」とも重なります）。

この４つを、目の前の子どもの実態に合わせて授業の中で調整・修正していきます。事前に考えた台本には①～④それぞれに対して「こういう風にやろう」とやり方を書いているわけですが、あくまでそれは事前に想定された一つの「案」です。現状の子どもたちに対して、台本とは別の方法（パターン）が①～④に対して必要なのではないかと授業中に常に考え続けます。この①～④を別々に考えるのではなく、授業の中で並行して考えながら進めていきます（そのため、台本どおりに進める授業の何倍もの集中力が必要です）。

この「話」「展開」「板書」「見取り」の４つを同時並行で考えながら授業するのは、当時の私にとって至難の業でした。そこで、次のように一つずつ授業の中でできることを増やしていくようにしました。

ステップ１：「話」を考えながら授業をする

まず行ったのは、「ただのお決まりの授業のセリフを話す」のではなく「考えながら子どもと話す」ことでした。そのためにまず、次の２つのことを意識しました。

- **自分が面白いと思った子どもの意見に対して「どういうこと？　もっと教えて」と聞いてみる**
- **子どもが答えてくれた意見に「なんで？」と理由を聞いてみる**

授業中に「学びの会話のキャッチボール」を楽しむことは、アドリブ授業の第一歩だと感じています。とにかくまず子どもの話に乗っかるようにしました。子どもの発言で気になったことについて、「どういうこと？」「教えてくれるかな」と聞くと、子どもはみんな一生懸命教えてくれます。また、その答えをもっと詳しく聞きたい時は、「なんでそう思ったか、教えて」

と理由を聞くようにしました。このキャッチボールが充実してくると、子どもの何気ないつぶやきから新しい授業の展開を広げる手がかりが見つかります。

「子どもの反応を受け止める」「台本にはない質問もどんどんしてみる」このようにその場でやり取りを考えて授業を進めていくことから始めていきました。

ステップ2：「話」「展開」を同時に考えながら授業をする

ステップ1で紹介した「考えながら話すこと」が自然にできるようになったら、次は同時に授業展開も考えながら進めていくようにしました。その時に意識したのは次のことです。

・授業が計画どおりに最後まで終わらなくてもよいという選択肢をもつ
・どんな状態で今日の授業を終わらせると子どもたちにとってベストなのかを考える

それまでは、必ず自分が考えた「台本どおりのゴール」で終わらせないといけないという強迫観念が常にありました。そこで、「もし授業が途中で終わってしまっても、次の日に続きをやればいい」と、授業の終わらせ方をとらえ直すことにしました。子どもにとって訳のわからないところで急に授業を終わらせるのではなく、「今日はここの部分がわからなかったね。明日はこの続きからやってみよう」というように、次時につなげることを意識しました。そうすることで、子どもたちにとっても「どこに着地したかわからない不安な授業」ではなく、「明日も学ぶことが楽しみな授業」になっていきます。このように「話すこと」だけでなく、「今日はどのように授業を進めていくか（終わらせていくか）」も授業中に同時に考えながら、子どもたちとやり取りができるようにしていきました。

ステップ3：「話」「展開」「板書」を同時に考えながら授業をする

ステップ2までの思考が同時にできるようになってくると、次に考えたのは「板書」でした。当時、「自分の板書の設計図に、そのまま授業をあてはめてしまっているな」「自分の計画に合わない子どもの意見は板書に取り入れていないかもしれない…」というのが私の悩みでした。そこで、板書が上手な先生に「どうやったらあんな板書ができるのですか」と相談したところ、「いつもその場で考えて書いているんですよ」というシンプルな答えが返ってきました。私はそれを聞いて、「板書には、その場で考えるコツが何かあるのだ」ということはわかりました。そこから自分なりに試行錯誤して、まず次の2つのことから考えるように意識しました。

・どこから書き始めるかを考える
・似ている意見をできるだけ近くに書くことを意識する

考えながら板書をしてみて感じたのは、授業中の子どもの言葉だけでなく教師が頭の中で言語化しているものも一度アウトプットできるので、板書は**授業を整理しながら次の一手を考える上で大きな助けになる**ということでした。

第２章でも紹介したように、板書は（型などの）選択肢が多く、状況から判断して決め（られ）る余地が大きすぎるので、まずはすぐにできる右の２つからはじめてみることをおすすめします。

ステップ４：「話」「展開」「板書」「見取り」を同時に考えながら授業をする

「話」「展開」「板書」の３つの場面における思考を、ある程度自分の頭で同時にコントロールできるになった頃に、私は自分の授業が少し成長したかもしれないと手応えを感じていました。

そんな時、私の研究授業を見たある先生からこんなアドバイスをいただきました。

「あなたは『新しい発問をすること』や『板書すること』に一生懸命で、全然子どもの顔を見てないよね」

この先生の言葉が、自分の授業をさらに変えていくきっかけになりました。そのアドバイスをいただいた日から、次のことを考えながら授業をするようにしました。

・教科書を読んだり、黒板を書いたりする時も、できるだけ子どもの方を見ることを意識する

・授業のはじめと終わりで子どもたちの何が変わったかを見つける

見取りについて取り組み始めると、それまでは主にワークシートとノート、図工の完成作品などの成果物を見て評価していましたが、授業の途中の子どもたちの「試行錯誤」にこそ学びがたくさんあると気づきました。その頃から、「子どもの表情や、活動中の姿」に自然と意識を向けられるようになりました。

また、授業中「子どもに活動させる」から、「活動する子どもを見ながら考えたことを言語化し授業に生かす」という目的意識に変わっていったことで、子どもたちが発信している数々の情報にアンテナを張り続けるようになりました。その結果子どもが主で活動する学習の方が、教師はものすごく頭を使うのだということにも気づけました。

＊

こんなふうに、４つの行動を同時に考えながら授業ができるようになったら、台本で考えていた授業にアドリブが生まれてきます。この第2章で取り上げている思考を織り交ぜていくことで、子どもたちの学びの可能性を広げていくことができます。

第3章では、実際の授業の例から、アドリブの具体的な姿を見ていきます。

第3章

アドリブ授業の実際

第2章では、授業でアドリブをする時の9つの視点を場面ごとに紹介しました。第3章では、実際の授業の中で、これらの視点がどのように働くかを紹介します。

9つの視点

① **授業導入**　子どもと教師で行う「学びのチューニング」
② **授業導入**　めあての言葉のひとり選考会議
③ **板書**　あえて型を3つに限定する
④ **板書**　書きながら考えていること
⑤ **展開**　「学びの共通点」から話を広げる
⑥ **展開**　意外なつぶやきを「拾う場面」「拾わない場面」
⑦ **見取り**　子どもの視線の意味を考える
⑧ **見取り**　子どもが発信する「情報」をとらえる
⑨ **見取り**　子どもの行動の価値に気づく

実践①

2年　道徳

視点①、②、③、④

学校たんけん

（光文書院）

この「学校たんけん」は、入学してきた１年生のことを考えて、２年生が学校探検の計画を立てるというお話です。主たる内容項目は「親切、思いやり」です。当時担当していた２年生の子どもたちも、ちょうどこの翌週に生活科の学習で１年生との学校探検をやる予定だったので、子どもの気持ちが高くなっているこの時期に授業をしたいと考えていました。

この教材は、「手品師」「橋の上おおかみ」といった定番教材のように登場人物の心情の変化や葛藤があるわけではありません。「年下の子に親切にすることは大切だ」という一般的な内容が書かれています。本時ではこの教材を使って、子どもたちの中の「親切」という「当たり前に思っていること」に対してどれだけ「新しい学び」を発見できるかを意識しました。

「親切」についてどれくらいの話し合いができるかは授業が始まるまでわかりませんでしたが、事前にいくつかめあての候補を考えておき、当日の反応に合わせて変えていこうと計画していました。

実際の板書

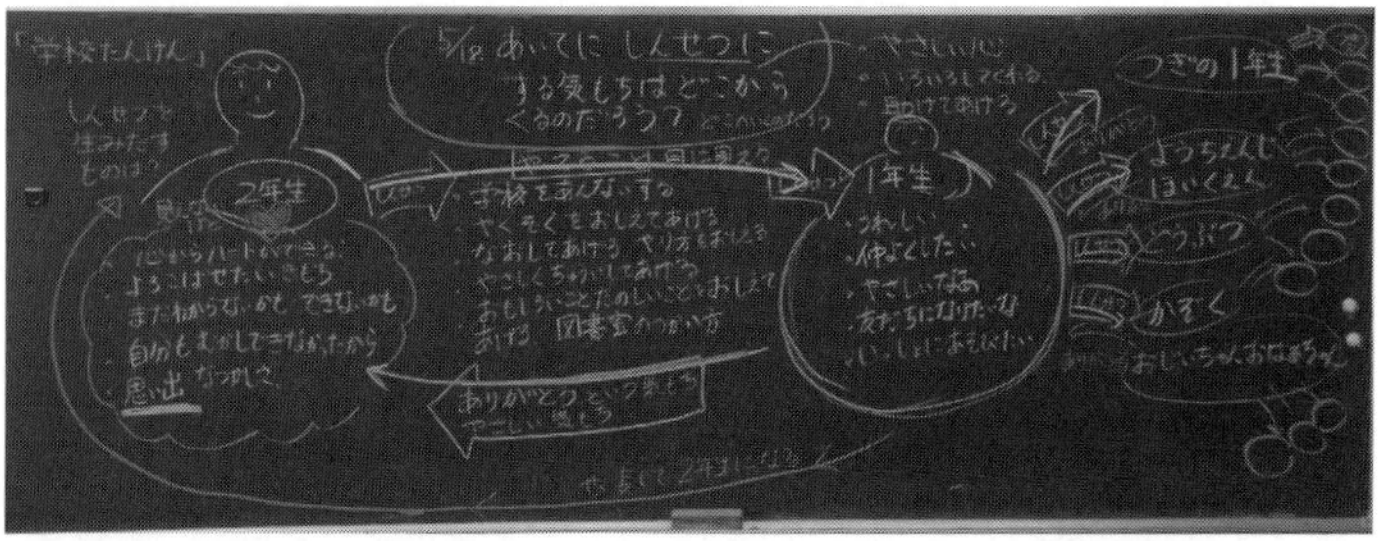

この日はまず黒板に「しんせつ」というキーワードを書き、「今日はこれについて勉強をするよ」と伝えた後、すぐに教材文を読みました。それには次のような理由がありました。「電車で席を譲る」「贈り物をする」など「子どもたちの親切に関するエピソード」をはじめに聞くことで、「親切のイメージ」が広がりすぎてしまい、この後に授業で話し合う「2年生から1年生に対する親切」がぼやけてしまうと考えたためです。

教材を読んだ後、子どもたちに「親切の意味」について確認してみました。

T「お話を読んで、黒板に書いてある『しんせつ』ってどんな言葉だと思ったかな？」

C「優しい心」「いろいろしてくれること」「助けてあげること」

子どもたちが答えてくれた「親切」の意味を黒板に書き加えました。

次に、読んだ教材の内容を詳しく確認するのですが、「親切」について話し合う時間を確保するために、登場人物の名前やあらすじなどはあえて確認しませんでした。1年生と2年生、二つの丸を黒板に描いて「今日はこの二つの間にある『親切』に注目するよ」とシンプルに内容の確認をしようと考えていました。この時、板書の型もなんとなく次の図のような二つの関係を表す型にしようと決めていました（**視点③**）。

そしていざ黒板に1年生、2年生と丸を書く時に、どちらを右にするか左にするかで一瞬手が止まりました。横書きの板書の場合、左から右に意識が向かうので、2年生を「左」に書いた方がより1年生に気持ちが向かうと考え、2年生を左、1年生は右にしました（**視点④**）。

下の図のように「親切という言葉の定義」「1年生と2年生の関係」が黒板に並んだところで、今日のテーマである「親切」について、子どもたちがどれくらい理解しているか把握するために次のように尋ねてみました。

T「2年生から1年生にしてあげる親切ってどんなものがあると思う？」

C「図書室の使い方や学校の面白いことを教えてあげる」

板書の経過

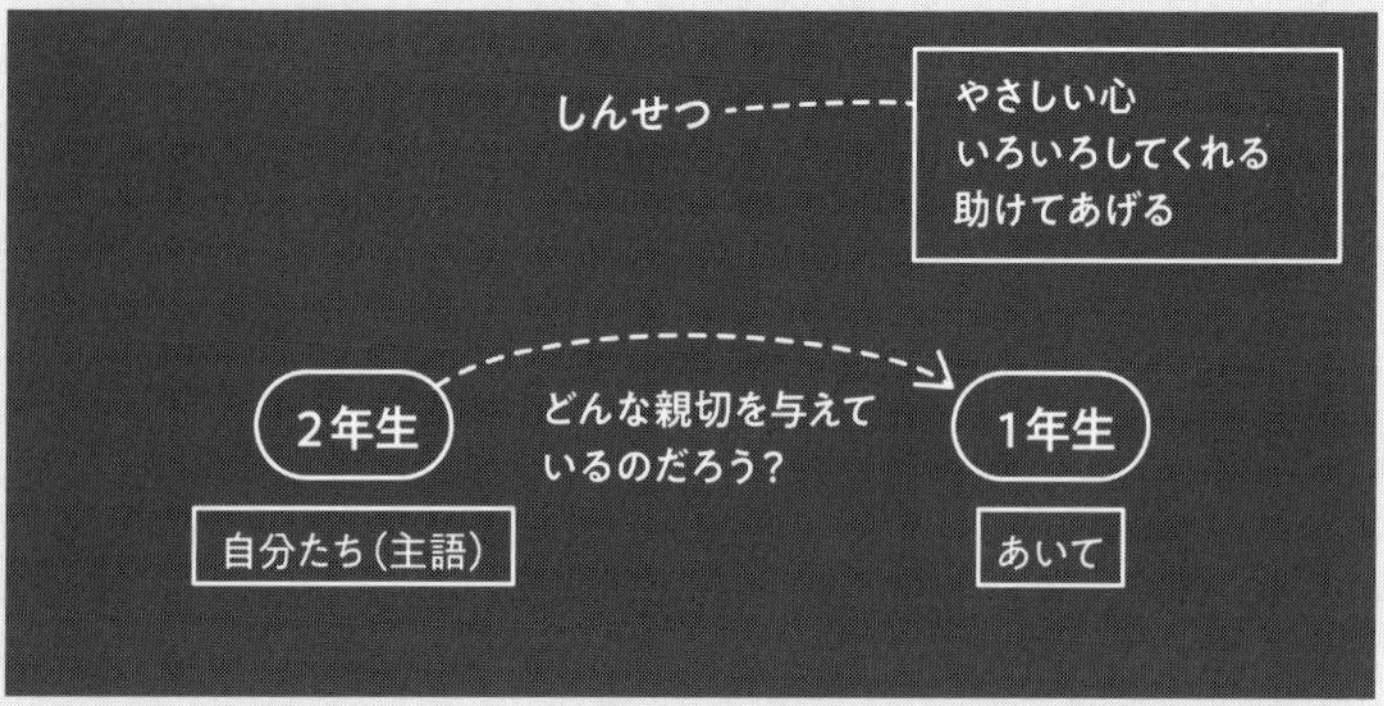

C「けがしたらばんそうこうを渡して治してあげる」
C「危ないことをしていたら優しく注意してあげる」

子どもたちは、「親切にする」とはどういう行動をすることなのかを自分たちの経験から理解できているようです（**視点①**）。

ここで子どもたちに今日の学習のめあてを提示します。この時、私の頭の中には次の①〜④のめあての候補がありました。

①今までどんなふうに親切にしてもらったことがある？
②親切にしてもらうとどんな気持ちになる？
③親切にすると何がいいの？
④なぜ相手に親切にするの？

先ほどのやり取りの時点で、「親切はよいことである」「どういう行動が親切なのか」については子どもたちがすでに理解できていたので、①〜③について話し合っても「知っていること」を言わせるだけの授業」になるなと思いました。そのため、本時は子どもたちの思考のギアを一段上げて、④「なぜ相手に親切にするの？」というめあてについて考えることにしました。

しかし、この④の「なぜ相手に親切にするの？」という聞き方ではおそらく、「かわいそうだから」「助けたいから」といった「○○だから」の応酬になりそうです。そこで黒板にめあてを書く直前に、④のめあての言葉を変えようと思い立ち、「相手に親切にする気持ちはどこから来るのだろう？」とニュアンスを修正しました。この方が、自分の「経験」「出来事」などをもとにした、自分が相手に親切にしたいと思ったさまざまな「きっかけ」が出てくると考えたためです（**視点②**）。

私がこのめあてを黒板に書いている間に、子どもたちにはそれを目で読んでもらい、書き終えた後、めあてを確認するために次のように尋ねました。

T「先生の書いためあては読めたかな。このお話に出てきた2年生もそうだけど、みんなが1年生に親切にするという気持ちはどこから来てるのかな？」

私のこの問いかけに対して子どもたちから、「親切は『心』から生まれてくる」という意見が出ました。この「心」という「親切という気持ちが生まれてくる場所」も確かに大切ですが、それ以上に親切という「見えない何か」が生まれる「きっかけ」や「要因」を話し合っていきたいと考えていました。私のめあての説明が足りなかったのかもしれません。そこでわかりやすい言葉を考えて、もう一度めあてについて尋ねることにしました。

T「ではこの親切という気持ちは、なんでみんなの心に生まれたのかな？　きっと何かあったり、感じたりした時に『親切にしたい』という気持ちになると思うのだけれども。何がみんなの『親切にしたいっていう気持ち』を生み出しているのだろう？」

先ほどの問いかけに比べ、子どもたちから、「○○だからじゃないかな？」「○○の時だよね」と具体的なつぶやきが聞こえてきました。めあてをわかりやすい言葉でもう一度子どもたちに伝えたことで、私のめあての意図が伝わったようです。

T「では、今から自由に歩いて話して、自分と違う考えの人を2人見つけたら座りましょう」

これは意見を交流させるための手段です。「同じ意見の人を探す」だと共感し合って終わりなので、あえて「自分と違う意見の人を2人見つける」という話し合わせ方にしました。

クラス全員が座ったところで改めて「親切という気持ちを生み出すものは何か？」を尋ねてみました。この問いに子どもたちから出た答えは意外なものでした。

C「自分も昔はできなかったなという気持ち」

C「『あの時やってもらったな』という思い出や懐かしさ」

＊

私には思いつかないこれらの意見に、「なるほど」と思いました。授業前に私が考えていた「親切」は、相手に対して「かわいそう」「助けてあげたい」と感じる、憐れみの気持ちから生まれてくるものでした（やや上から目線です）。しかし、子どもたちはそうではなく「自分がうまくできなかった経験」「やってもらった思い出」なども親切を生み出しているというのです。

これらの子どもの意見を聞いて、私の頭の中で次のような親切に対する「問い」がうまれました。「心で生まれた親切は、行動という形になって相手に届けられる。では、その相手に届けられた親切はその先どこに行くのか？」という問いです。

教師の自分も答えのわからないこの問いを考えることが授業を深めると感じたため、残りの時間はこのことについて子どもたちと話し合おうとゴールまでの流れを頭の中で修正しました。

この「親切の行く先」を考えるために、今度は「親切をもらった側の1年生」の気持ちに注目することにしました。

T「では2年生からもらった親切によって、1年生の心はどんなふうに変わっていくのかな？」

C「うれしい気落ち」「もっと仲よくしたい」「これからも一緒に遊びたい」

親切をもらった1年生の気持ちが続々と出てきました。この時、私の頭では、この「『2年生からの親切』↕『1年生の感謝』という相互的な気持ちのやり取りが生まれる」ということを授業の落としどころにしようと考えていました。

しかし一人の子どもは、私が想像しているよりもずっと深いことを考えていました。

C「親切をもらった1年生は、『成長して自分たちも来年よい2年生になりたい』と思っている」

「そうか、この親切をもらった1年生が2年生になった時に、親切をまた次の1年生に渡すのか」「親切と感謝は循環し、ずっと続いていくものなのだ」と私の中で「新しい学び」に気づかせてもらった瞬間でした。この子の発見を何とか授業に生かす方法を考えながら慎重に授業を進めていくことにしました。まず黒板の下に1年生から2年生に向かう矢印を書いていき、この「親切をわたす関係」はずっと繰り返すことを強調しました（**視点④**）。

「親切が循環するという発想」から、私はこの時、次のようなことも頭に浮かんでいました。「1年生がもらった親切は次の1年生以外の誰かにも渡され続けていくのではないか」ということです。このことを話し合うことで、親切の定義はさらに広く深まっていくと考えました。

T「1年生はこのもらった親切をきっと次の1年生にあげるよね。他にどんな人にこの親切をあげるのかな？」

C「幼稚園の小さい子」「動物」「おじいちゃんおばあちゃんにも優しくできる」

黒板の右側に矢印を書きながら、親切とは「相手に優しくしてあげる」だけではなく「いろんな人に受け継がれて、広がっていくものであり、だからこそ身近な人から大切にしないといけない」ということを、2年生になって間もない子どもたちから教わった授業でした。

親切の受け渡し

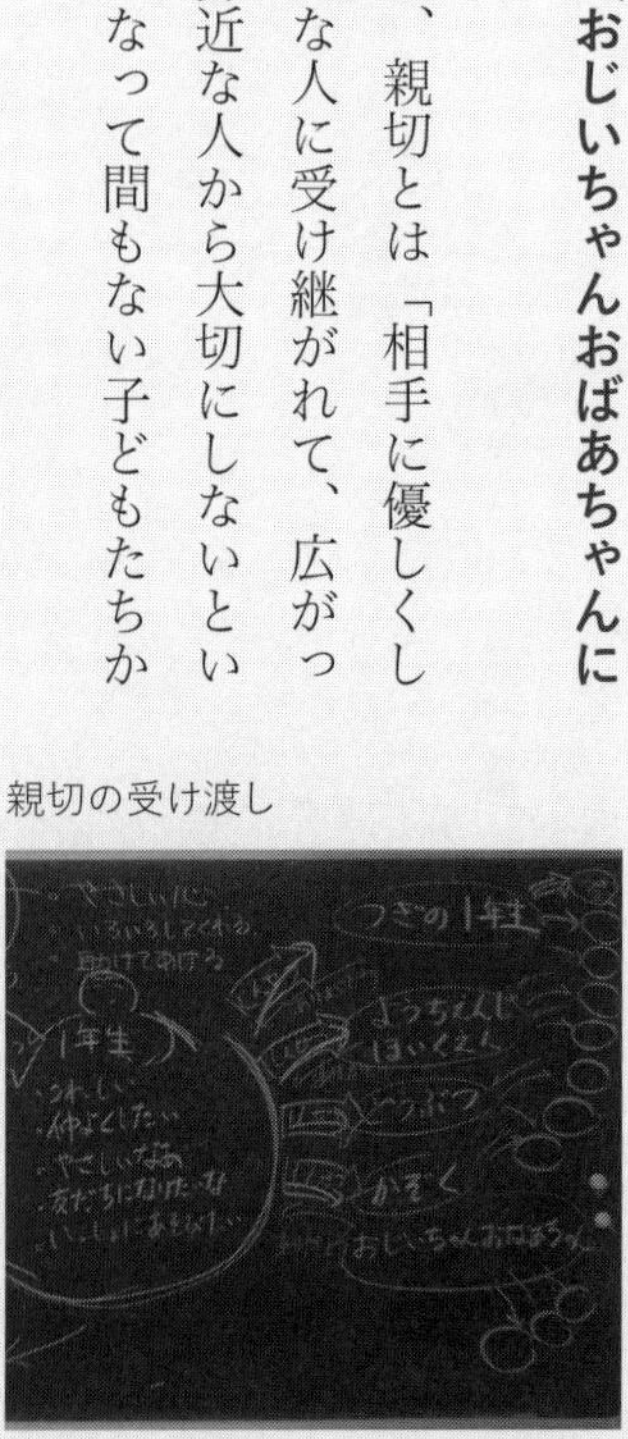

その気持ちが
また別の人にも
広がりそうだよね
主人公の親切な気持ちは
先生にも伝わったんじゃない？

アドリブ＋α

道徳科授業では、それまで当たり前だと思っていた内容項目の新たな一面を、教材をきっかけに気づかせたいと思っています。親切、感謝、礼儀、友情、努力、勇気などの内容項目は、教材に出てくる登場人物の中だけで完結するものではなく、今回のように地域、社会、世界といった大きな関係に広がっていく可能性があります。矢印が引ける関係性が他にもないか、子どもたちと探してみると新しい展開が見つかるかもしれません。

実践②

2年　国語

視点①、④、⑦

スイミー

（光村図書）

「スイミー」は、小さな黒い魚が仲間と協力して大きな魚を追い出すというお話で、オランダ出身の絵本作家レオ＝レオニの作品です。本時は６／８の学習のまとめの時間にあたり、前時までに子どもたちは、物語の構成、スイミーの心情の変化、比喩や体言止めなどの表現を学習してきました。

私も小学生の頃、この物語を勉強したことがあるのですが、当時からずっと気になっていたことがありました。「なぜ赤い魚のグループに急に話しかけたスイミーが、リーダーとしてみんなに作戦を提案したり、あれほど強い指示をしたりすることができたのだろう？」ということです。

そのため本時では、私が昔から感じていたこの疑問を子どもと一緒に考えたいと思っていました。「今まで学習したことをもと」に子どもたちはどのような答えを出すのだろうということに注目していました。

実際の板書

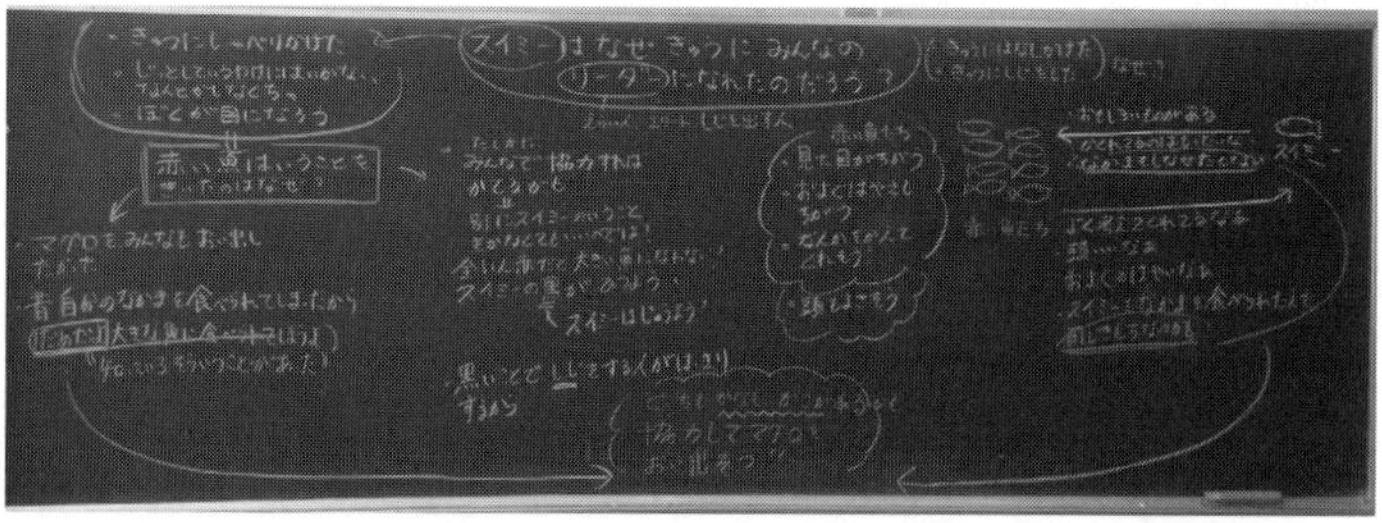

「スイミーはなぜ急にみんなのリーダーになれたのだろう？」

まず黒板にこのめあてを書いてこの日の授業を始めました。

「リーダー」という言葉が聞き慣れない子どももいるといけないので、子どもに言葉の意味を確認をしました。

「リーダーとは？」という私の質問に対して「偉い人」「エリート」「指示を出す人」などの答えが子どもたちから出てきました。

めあての言葉の確認ができたところで「みんないっしょにおよぐんだ」「ぼくが目になろう」といったスイミーの強気な言葉に注目することにしました。

T 「もしはじめて会った人にそんなこと言われたらみんなはどう思う？　急に知らない子がクラスに来て『今から校庭でだるまさんが転んだをやろう』『ぼくが鬼をやるから』と言っているような感じでしょ？」

C 「えー、なんかやだ」「そんなの無理！」「スイミーはちょっとやりすぎだと思う！」

板書の経過①

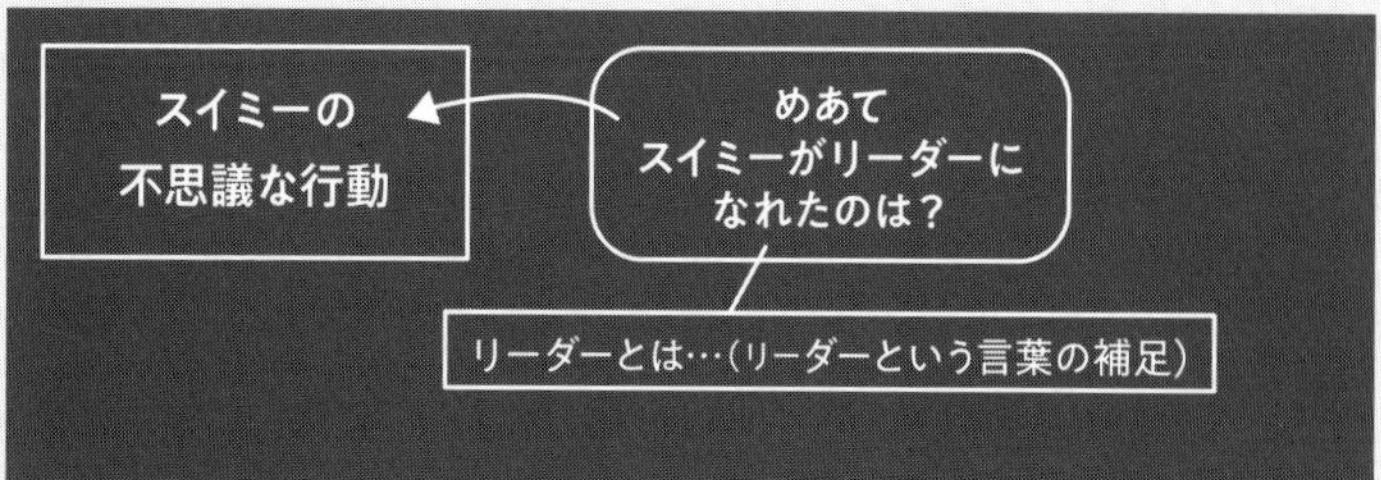

T「そうだね。先生も子どもの頃からこのお話を知っているんだけど、なんで赤い魚たちがそんなスイミーをリーダーにしたのか不思議なんだよね」

こんなふうにやり取りを行いながら、自分の感じている疑問を子どもに投げかけてみました（**視点①**）。

スイミーが必要だった理由①

このはじめのやり取りを聞いてスイッチが入ったのか、一人の子が勢いよく手を挙げました。

C「きっと大きな魚を追い出したかったから、みんなで協力すればできると思っていたんだよ」

確かに「大きな魚をみんなで追い出すため」は理由として間違いなさそうですが、スイミーがみんなのリーダーをする理由としては足りないと思い、次のように返してみました。

T「じゃあ赤い魚たちだけで協力すればいいわけで、別にリーダーをスイミーにしなくてもいいんじゃない？『みんなで大きな魚のふりをする作戦』はもうわかっているのだから」

ちょっと意地悪な聞き方だったかもしれませんが、このように聞くことで、子どもたちはスイミーの「黒い体の重要性」に気づけると考えていました。

C「全員赤だと目のない魚だから、大きな魚にばれてしまう。だから目の役割のために黒い体のスイミーが必要だったんだよ」

子どもたちからスイミーの色の特徴が出てきました。

T「なるほど、全部赤だったらばれてしまうものね」

ここまでのやり取りは私の想定内でした。

スイミーが必要だった理由②

「『目』の役のためにスイミーの黒い体が重要だった」という答えにみんなが納得していた時に、一人の子が何かを言いたそうに私を見ていたので、その子を当てて話をしてもらいました（**視点⑦**）。

C「リーダーがもし赤い魚だったら、誰が命令しているかわかんなくなってケンカになっちゃう。一匹だけ黒いスイミーがリーダーをすれば、指示をする人が

板書の経過②

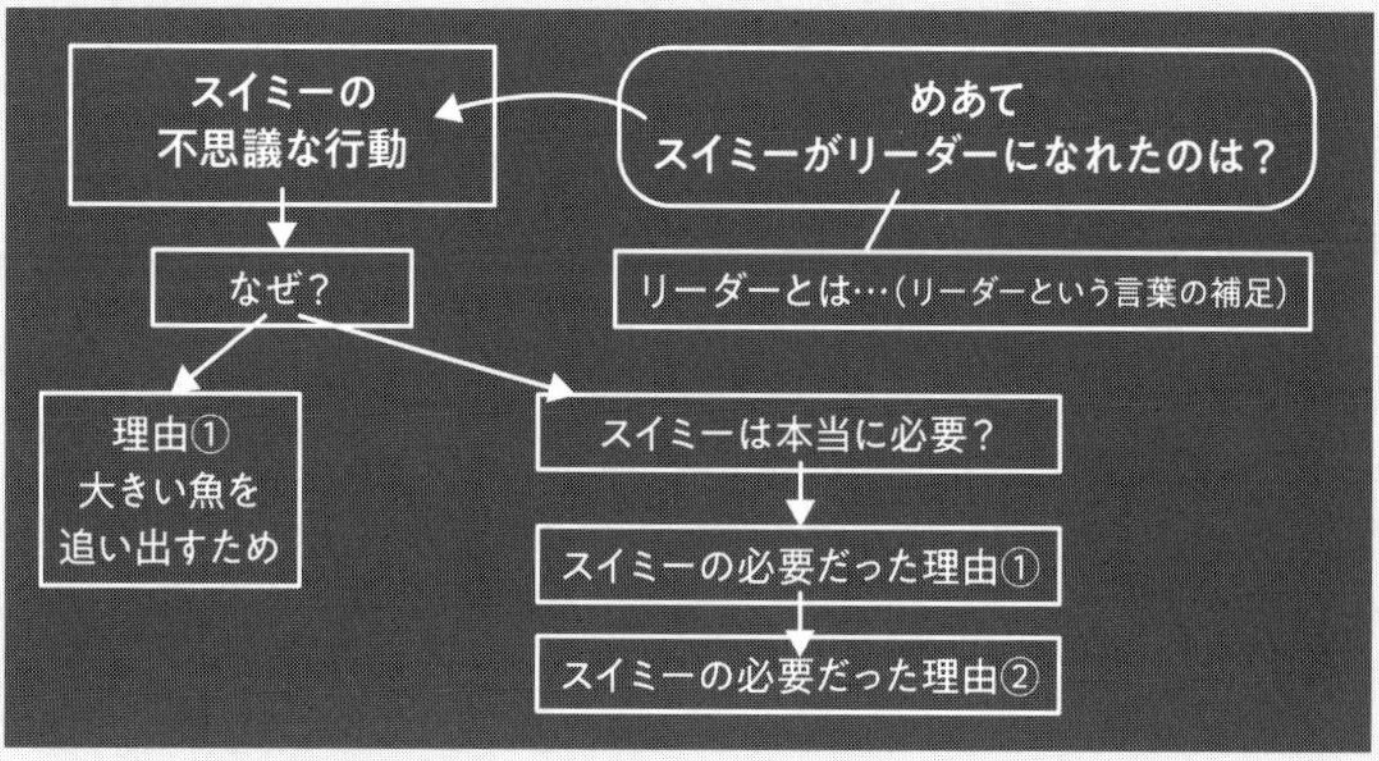

はっきりわかるからだよ」

これは、私の想定していなかった答えでした。体の色の違うスイミーをリーダーにする理由として「なるほどな」と思いました。

「スイミーはちょっと偉そうだ」となんとなく思っていた自分が少し恥ずかしくなりました。スイミーは自分の体の特徴をよく考えてリーダーを名乗りでていたことを、この子はきちんとした論拠をもとに導き出していました。真剣な目で訴えたこの子の意見を聞いてよかったと感じました。この意見によってクラス全体の物語の解釈がより深まりました。

残り時間にはまだ余裕があったのでスイミーがリーダーになれた理由をさらに見つけたいと思い、今度は立場を変えて考えてみることにしました。

黒板の右側が空いていたので、板書計画を変えて赤い魚たちと、スイミーの絵を描きました。この二つの立場を対比することで、赤い魚たちだけでなく、スイミーの視点からも、リーダーをやった理由が見つかるのではと考えたためです**（視点④）**。

　まず、赤い魚たちがスイミーをリーダにした理由からまとめました。

C「黒い体が目の役にぴったりだ」

C「泳ぐのも速そうだ」

C「魚を追い出す作戦を思いつけるから頭もいい」

　ここまで出てきた意見をもとに赤い魚たちの思いを確認した後、今度はスイミーの視点から考えてみることにしました。子どもたちからは、次のような意見が出てきました。

C「楽しいものがあるのに隠れていてはもったいない」

C「これ以上仲間を死なせたくない」

　これらの意見が出た後、ある子の次の一言で授業の展開が大きく変わりました。

C「でも赤い魚たちも、きっとスイミーみたいに兄弟をなくして悲しんでいたと思う」

　この言葉を聞いた瞬間、私も頭の中でいろいろなものがつながりました。同時にこの意見が授業を大きく変えるポイン

赤い魚とスイミーの対比

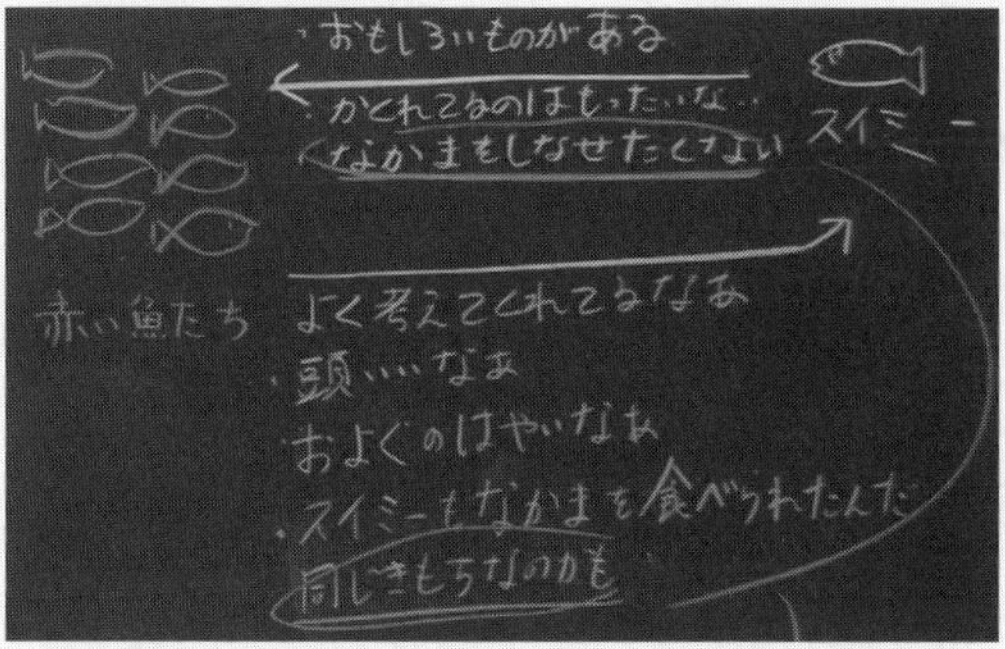

トだと感じたのです。間髪入れずに子どもたちに聞きました。

T「赤い魚たちも自分たちの仲間をなくしたことがわかる文章ってどこかに書いてあるかな、探してみよう！」

C「『だめだよ。大きな魚にたべられてしまうよ』って赤い魚たちが言ってるよ」

この一文にクラスのみんなで気づけたことが、この授業のもう一つの大きなポイントでした。このセリフは、赤い魚たちも昔もスイミーのように「自分の仲間を食べられてしまった経験があること」を意味しています。「あ！　なんかわかった」「あ、そうか」「なるほど」という声が教室のあちこちから挙がります。

C「赤い魚たちはスイミーと新しいくらしをつくりたいと思って、それで一緒に大きな魚を追い出すために、スイミーをリーダーにしようと思ったんだね」

「スイミーは頭がよいだけでなく、泳ぎも速い、そしてなにより仲間を失った悲しさをわかっている。だからリーダーにふさわしいと赤い魚たちは思った」。この発想は、私の中に全くなかったものでした。子どもたちが見つけた素晴らしい答えだと思います。

最後に右と左に書かれた考えを矢印で中央にもっていき、そのことをまとめました。

「赤い魚はなぜスイミーをリーダーにしたのか」クラスみんなで考えた答えをまとめると次のようになります。

◉大きな魚を追い出したかったから。

◉スイミーが黒い体と頭のよさ、速さを兼ね備えていたから。

◉スイミーも昔仲間を失った同じ悲しさがわかる存在だったから。

スイミーはただ偉そうにリーダーに名乗りでたの

板書の経過③

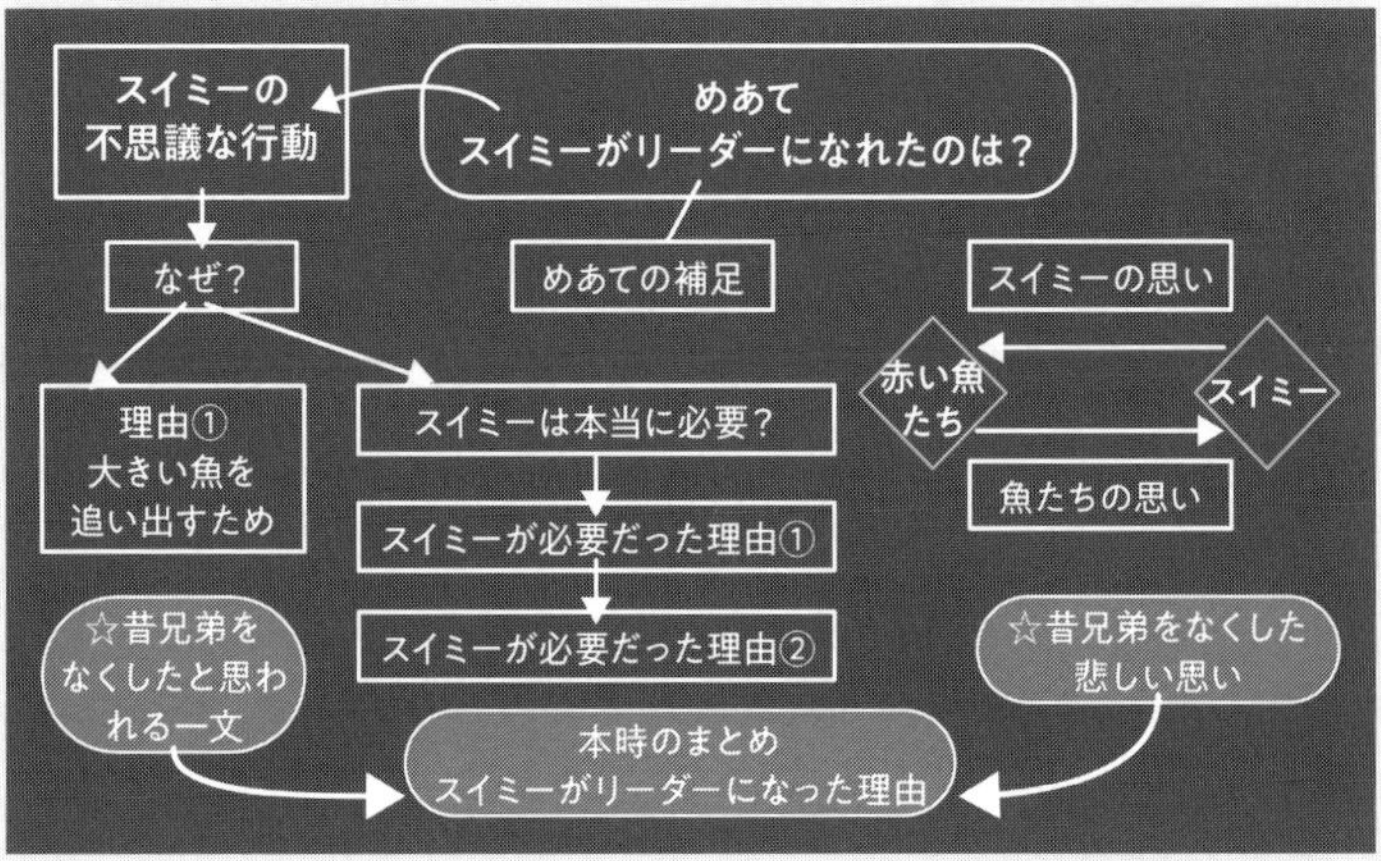

ではなく、「つらい過去を乗り越えるために、力の弱い魚同士で協力して、明るい未来を切り開こうとしていた」という新しい読み方を発見することができました。

今回のように、国語の授業する時はまず、物語を読んで不思議だなと思うことを教師である自分自身も流さずに疑問としてもち続けるようにしています。その答えが自分一人ではわからない時は、今回のように子どもたちと一緒に考えていくことで、自分も気づかない発見にたどり着くことがたくさんあります。

余談になりますが、これは映画などを見た時の「よくわからなかった」「あのシーンがなぜか気になった」という感覚と少し似ています。自分が疑問に思ったことをインターネットなどで調べると、自分と同じような疑問を感じていた人が、さまざまな解説や自身の解釈を説明してくれていることがあります。同じように国語の物語でも「スイミー　謎」のように調べることで、今回の授業のように自分が今まで気づいていなかった不思議な点や、物語の意外なエピソードなどが発見できることがあります。

アドリブ＋α

今回のように、人物の気になる行動やセリフについて本文から根拠を探す他に、「言葉」や「一文字」に込められた意味を考えることもおすすめです。説明文の「そして」と「次に」はどちらの方が順序を表す言葉として先に来るのか。『モチモチ木』の豆太のセリフ「じさまあっ」と「じさまっ」は何が違うのか。その短い文字や言葉のなかに込めた思いを考えていくことで、子どもたちの言葉に対する感覚が鋭くなってくると感じています。

実践③

3年　算数

視点①、⑧、⑨

はしたの表し方

（学校図書）

前時に0.1という「はしたの表し方」を勉強し、最後に子どもたちとこんな問題を解きました。3dL＝（0.3）L、24dL＝（2.4）Lと子どもたちは当たり前のようにかっこに答えを書き、私も気にせず答え合わせをしていました。

しかし、ふと自分の中で気になったことがありました。「小数を勉強しているのだから、こういう問題の時は2つの数字の真ん中に小数点をうてば、正解になる」と思っているのではないかということです。「解き方や手順がわかっていること」と「問題の意味がわかっていること」は違います。

その理由がきちんと答えられるのか、次の時間（本時）で確認しなければと思っていました。「12dLはなぜ1.2Lなのか？」という当たり前と思うこと」に対して一度立ち止まり、みんなで話し合っていく（言語化していく）ことで「確からしい答え」が見つかるのではないかと考えました。

実際の板書

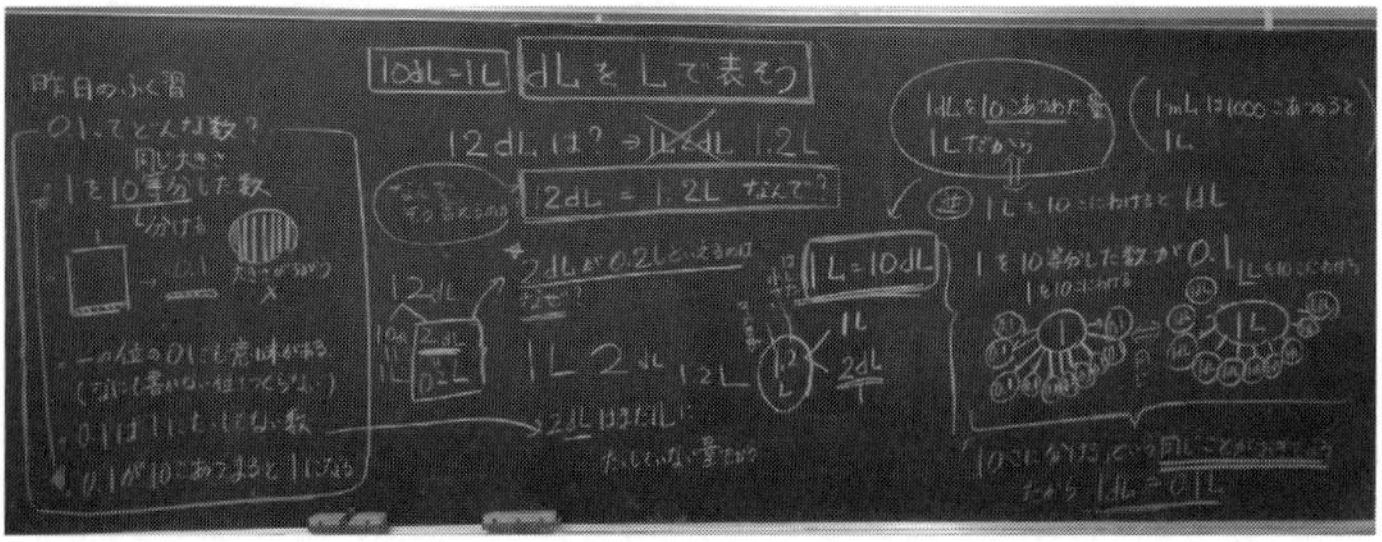

この日の授業が始まり、まず前回の授業の復習から始めました。これまで勉強したことをもとに、子どもたちに自分の言葉で「0・1とはどんな数か」を説明してもらいました。

C「1を10等分した数」

C「一の位の0にも意味がある」

C「0・1は1にも達していない数」

C「0・1は10個集まると1になる」

本時の課題を考えていくヒントになるかもしれないと思い、この子どもたちの意見は黒板の左側にまとめておくことにしました。

本時のめあて「dLをLで表そう」を黒板の真ん中に書き、子どもたちに次のように尋ねました。

T「昨日みんなで解いた問題なんだけど、12dLは、何Lと表わせたかな？」

この時、「ちなみに答えは1L2dLじゃないよ。何Lかな」と念を押しました。

子どもたちは「そんなの簡単」と言わんばかりの雰囲気で、みんなが口をそろえて「1・2

L」と言います。

T「そうだよね。先生も昨日は何も気にせずみんなと答え合わせをしていたんだけど、では、なんで『12 dLは1・2L』なの？」

と聞いてみました。

すると、みんな一瞬「ん？」というような顔をしました。いつものようにすぐ手が挙がらず、「ちょっと時間がほしい」と何人かの子が言ったので、「じゃあ少し時間をあげるから、その理由を考えてみよう」と言いました（**視点①**）。

「解けるけど説明できない」という「もやもやした感覚」ときちんと向き合うと、必ずその学びの面白いところ（本質的なところ）に迫ることができると今までの経験上確信していたので、今回もそこを大切にしたいと思いました。

数分後に子どもたちに再び聞いてみました。

最初に手を挙げた子がまず次のように説明しました。

C「12 dLは10 dLと2 dLに分けられるでしょ。10 dLは1Lのことだから、そこに残りの2 dLを足して1・2Lになると思う」

それらしい説明をしてくれました。なんとなくわかりますが、残りの2dLを足すと、なぜ1・2Lになるのでしょう？　大切な点がまだ説明されていません。

そこで、「『足す』とその答えが出るのなら、1＋2だから3Lなるのでは？」と子どもに尋ねました。子どもは、「2dLは　0・2Lだから…」と少し答えに困った様子だったので、その子のここまで発表したことの価値を一度分析し、みんなで共有することにしました（**視点⑨**）。

T「ありがとう。12dLを別々に分けるっていうのがいいアイディアだね」

T「みんな、ここまでの説明はわかりやすかったよね。じゃあ2dLはなんで0・2Lといえるのだろう」

このように、疑問を整理してもう一度尋ねてみました。

するとそれを受けて次の子が説明します。

C「黒板の上の方にも書いているけど、1Lは10dLでしょ。0・2Lは2dLでしょ。この二つを足すと12dLになるから」

先ほどの子が言ったことを逆の順序で説明しただけかもしれませんが、その子なりの新しい意見（足すは足すでも、３Ｌにはならないこと）を言ってくれたと思います。
３年生が説明するには難しい内容でしたが、自分の言葉で話してみたり、友だちの考えを聞いたりする「子どもの試行錯誤」を価値づけることが、今自分のすべきことだと考えました（**視点⑨**）。

T「ありがとう。今の説明でも10と2に分けて足すというのがやっぱり大切そうだね。」

T「でも、なんで2dLは0・2Lなのだろう?」

このように、当たり前に思うけれどなぜそうなるのかわからないことを、みんなで協力していろんな言葉で考えていくと、だんだん答えが見えてくることがあります。
それを信じて、もう一度先ほどと同じ質問をしました。
するとある子が今までのやり取りを聞いて、はじめの黒板に書いたことをもとに次のように話してくれました。

C「10dLは1Lでしょ。2dLというのはまだ1Lにいって（達して）いない数だから、1よりも小さい数（小数）にしないといけないと思う」

この言葉を聞いて、先ほどよりも子どもたちが「２dL＝０・２L」の答えに少し近づいた感じがしました。

「1より小さい数にしないといけないから小数を使う」。この考え方には納得できましたが、やはり「0・1Lがなぜ1dLと同じなのか」という点はまだみんなで合意できていません。そこで、次のように子どもに聞きました。

T「でも、やっぱりなんで2dLは0・2Lなのかな。だって1より小さい数を表すなら0・0
02とかそういう数にしてもいいわけでしょ」

子どもたちが「先生、小数第1位より細かい小数はまだ習っていません」と言ってしまえば、それも理由としてよいのかもしれませんが、そうではない「みんなが納得する理由」を子どもたちからきちんと聞きたいと思いました。

なぜ2dLは0・2Lなのか、みんな考えをパスし合いながら少しずつ考えが整理されてきた頃、ある子がノートに必死で何かを書き続けている動きが気になり、のぞいて何を書いているのか聞いてみました（**視点⑧**）。

C「先生、1を10等分するから0・1なんだよ」

ノートに書いた図を指して説明してくれました。図の大きさと数字とを使って、1と0・1の関係性がとてもわかりやすく表現されていたので、黒板にこの図（下図の左側）を描くことにしました。

T「○○さんがノートにこんな図を書いてくれたよ。わかりやすいよね」

C「この図おもしろーい、宇宙船みたい」

という声も聞こえます。

すると、この図を見て何か気づいたようです。先ほど最初に手を挙げた子が、「わかった」と元気よく手を挙げました。「先生、もう一つ同じ図を書いてほしい」と言うので同じ図をその右に書きました。

1Lと0.1L（1dL）の関係

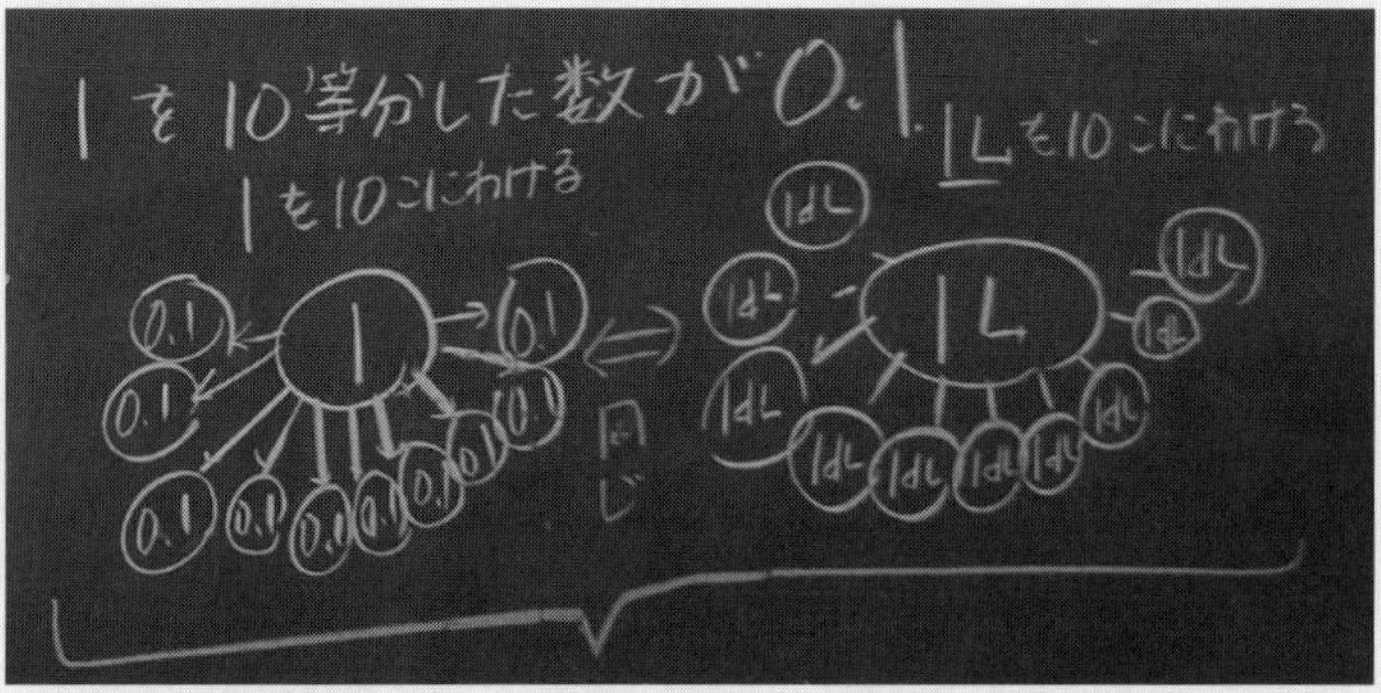

C「今黒板に書いてある図は、Lと dLでも同じことがいえる」

この言葉だけでは、すぐには意味がわからなかったのですが、そのあと話を聞いてなるほどと思いました。

C「右側の図の真ん中の1を1Lって考えると、その周りは1dLになるでしょ。だからこの二つの図は同じことが起こっているんだよ。ほら、左の図にもLの単位をつけて考えれば、小さな丸一つ分は0・1Lっていえるでしょ」

その答えを聞いたクラスみんなから「あっ！　そういうことか」「なるほど」という歓声が上がります。みんなで今日の課題を解決できた瞬間でした。

＊

「12dLはなぜ1・2Lなのか」という疑問に対して子どもたちが正面から向き合い、自分たちの言葉でその理由を説明することができた授業でした。

45分かけてみんなで話し合ったからこそ、この図にたどり着くことができたのだと思います。

このように、当たり前と思ってしまうようなことを見過ごさず「なぜなのだろう」と考え続けることで、子どもにストンと落ちる答えやイメージにたどり着けることがあります。今回のように友だちと、いろいろな角度から小数について話し合った記憶は、すぐに忘れることはなく、しっかりとした知識としてドリルやテストを解く時にも生かされていくはずです。

小学校の算数は立式すれば答えが一つなので、答えさえ出せればつい「できた気」になってしまいがちです。しかし実際は今回の授業のように、その理由がわかっていないケースが意外と多いものです。算数の授業では公式や計算の手順を暗記させるだけではなく、その中に込められた意味や考え方を子どもたちの言葉で引き出したいと思っています。

アドリブ＋α

多様な考え方を引き出す算数の授業として現在、私の中で次のようなパターンがあると考えています。

①解き方を友達に説明する（今回紹介したパターン）
例「四角形の面積はなぜ縦×横で求められるのだろう？」

②日常にあるあたり前のことを算数の視点で考える
例「なぜ箱の面の形は四角形が多いのだろう？」

③数や、計算の中のきまりを見つける
例「6の段の十の位と一の位を足すとどうなるのだろう？」

実践④

3年　社会

視点①、⑥、⑨

火事からまちを守る

（教育出版）

子どもたちは、これまでに市役所、スーパーマーケット、工場、農家について学習してきました。この授業は単元「地域の安全を守る」の1時間目にあたります。ここからは消防署や警察署について学びます。

今まで勉強してきた仕事を別のものと考えるのではなく、「全てが自分たちの生活を支えるために存在し、つながっている」ととらえることで社会全体のしくみに興味が出てくるのではないかと思っています。

本時は、教科書の見開きにある火災現場のイラストを見て、そこから気づいた消防署の仕事、疑問に思ったこと、さらに調べてみたいことなど、これからこの勉強をしていく上での見通しをもつ時間にしたいと考えていました。しかし、子どもたちの問いをきっかけに当初計画していた学習のゴールを変更することにしました。その変化を読んでいただければと思います。

実際の板書

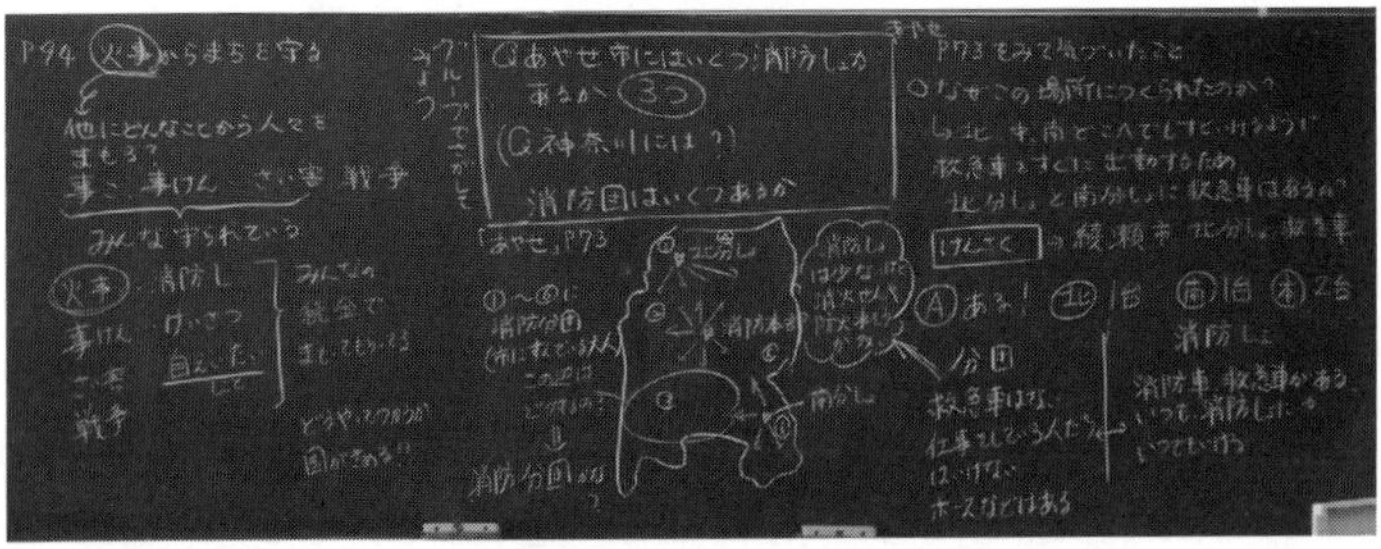

今までとこれからの学びのつながりを意識するためのやり取り

本時は「火事からまちを守る」の一時間目の授業でした。

3年生では、この後にも「事故や事件からまちを守る」の単元で、いろいろな人によって自分たちのくらしが守られていることを学習します。まず、このことを意識できるように「単元名」に注目して、学習の大きなつながりを考えてみることにしました。

T「今日から『火事からまち守る』という勉強をするけど、他にどんなものから自分たちのくらしは守られているかな？」

C「事故、事件から守られている」

C「地震などの自然災害から守られている」

C「テロ、戦争」

C「自衛隊というのは自分で守るって意味だよね？」

子どもたちは一学期に市役所や児童館に行ってその仕事を勉強していたので、税金や法律、国やまちの大きな仕組みによって自分たちのくらしが守られていることも知っていました（**視点①**）。そのつながりも意識できるように、黒板の左に「私たちのくらしを守るもの」を書いて授業を始めました。

子どもから生まれる教科書にない疑問

T「みんなの生活は、国やまちによっていろいろな面で守られているんだね。では、火事からどのように生活が守られているのか、そのしくみを今日から勉強していこう」

この時、私の頭の中では教科書の火災現場のイラストを見て気づいたことを子どもたちから挙げてもらい、これから授業で詳しく知りたい消防署の仕事をまとめようと思っていました。

しかし、直後に子どもたちから次のような質問が出ます。

C「先生、僕たちの住んでる綾瀬市に消防署っていくつあるの？」

C「2つだよ」「10こだよ」

その子の質問にクラス全体が少しざわつき始めました。

当初の授業計画

めあて「消防署はどんな仕事をしているのだろう？」

私たちのくらしを守ってくれているものは？ 火事　災害　病気　犯罪 ↑ 市役所の以外にも自分たちのくらしの守るために色々なしくみがある。	◯ページの火災現場のイラストを見て気づいたことは？ ・ホースをつないで火を消している。 ・交通整備をしている人がいる。 ・作戦を立てている人がいる。 ・赤いヘリコプターがある。	これから消防署の仕事で詳しく知りたいことは？ ・消防車は一台何円？ ・はしごがとどかない所はどうやって助けるの？ ・消防士さんはどんな訓練をしているの？ ・火事はなんでわかるの？

クラスの子どもの意識は、私が使おうと計画していた教科書の災害現場のイラストではなく、自分たちが住んでいるまちの消防署に向かっています。

T「そうか、じゃあ今みんなから出た疑問を調べてみよう」

ここで子どもから出たつぶやきを拾って、授業のゴールそして本時のめあてを「綾瀬市の消防署はいくつあるのか」を調べることに変更しました（**視点⑥**）。「子どもたちが今調べたいことだから」というのも理由の一つでしたが、この時私が授業を変更しようと思ったのには他にも理由がありました。

綾瀬市の副読本を見ればおそらく答えがわかるし、答えがすっきりわかったところで授業を進めていく方が、今後の学習が面白くなりそうだと思ったためです。単元の新しい進め方が頭に浮かんだので、この日はめあてと授業の内容を思い切って変えようと思いました。

T「ではグループの人と協力して、教科書や資料を見て消防署の数が書いているところがないか探してみよう」

グループで考えることにしたのは、答えを教え合ったり、見つけ合ったりすることで、一人では気づけない「新しい学び」の発見があると考えたためです。

普段から子どもたちは、社会の教科書や副読本を辞書のように使っていました。調べる学習では、教科書や副読本のどのページを見てもよいことにしていました。自分が調べたいことに対して、すべてのページから必要な情報を探すことで前後の内容とのつながりに気づけることがあるからです。また、土地の利用や主な農作物などの教科書に書かれている内容と、地域の副読本の内容が異なることがあります。その違いを比べることで「なんでだろう」と新しい疑問が生まれるよさもあるためです。

「綾瀬市の消防署の数」は「今、自分たちが知りたいこと」なので、子どもたちは次々にページをめくりながら調べはじめました。

各グループである程度答えが出てきたようだったので、聞いてみました。

T「綾瀬市にはいくつ消防署があったかな?」

C「3つだよ。」「上から、北分署、消防本部、南分署があるよ」

自分たちのまちにある「消防署の数」の疑問はすぐに解決されました。

わかることによって生まれる新しい疑問

しかし一つ疑問が解決されると、また新しい疑問が出てくるのが授業の面白いところです。

ある子が次のようなつぶやきをしました

C「先生、なんで綾瀬市って3つも消防署があるの？」

たしかに、消防署が3つも置かれているのにはきっと理由があるはずです。この質問が面白いなと感じたので、子どもたちが全員で考えやすいように、また子どもたちが気づいたことを書き込めるように、急きょ黒板に綾瀬市の地図を書きました。

黒板をみんなで見ながら次のように投げかけました。

T「なんで消防署はこの3か所にあるのだろう？」

子どもたちはしばらく考えた後、これらの位置について次のように発表しました。

C「火事に近いところの消防車が火を消して、あとの二つが手伝うようになっていると思う」

C「同じ場所に固まっていると行きづらくなっちゃ

消防署の位置関係

う」

C「消防車だけでなく救急車も3か所にあった方が助けやすいから」

C「消防署がないところには、ちゃんと消防分団が設置されているよ」

C「消防団員ってたしか地域の人たちがやっている施設のことだよね」

消防署が3つある理由も、資料を活用しながら子どもたちの力で解決することができました。

止まらない子どもの疑問

この授業は、一つの問題が解決するとまた新しい疑問が出る、そんな時間でした。ある子が、先ほどの友だちの意見に疑問をもちます。

C「さっき『3つの消防署から救急車が助けに行ける』って○○君が言ってたけど、本当に救急車はどの消防署にもあるの？

『あやせ』（市の副読本）を見ると、消防本部の写真には救急車がきちんと写っているけど、他の北分署と南分署はないかもしれないよ」

「でも、この写真の後ろに写っている白い車が救急車じゃないの？」「いやこれは多分、指令車だよ」と子どもたちの中で意見が分かれ、みんなの意識が救急車に集中します。

副読本の小さな写真でも、きちんと読み込むとここまで面白いことに気づけるのだなと、子どもたちの観察力に感心しました。私もすべての消防署に救急車があるかはっきり答えられませんでした。この時、もともと考えていた授業に戻るか少し迷いましたが、それよりもこの時は「子どもが見つけた疑問をみんなで調べたら、そのわからなかった答えがもしかしたらわかるかもしれない」とワクワクする気持ちの方が強くなっていました（**視点⑨**）。

T「確かにこれはすぐに調べた方がいいね。どうやったら確かめられそう？」

みんなから「パソコン」という声が聞こえたので、インターネットで調べることにしました。

クラスにはインターネット検索が得意な子もいますが、まだ文字を打つのに慣れていない子もいます。はじめはなかなか見つかりません。どうやると調べられそうか聞いてみると、パソコンが得意な子が「『綾瀬市　北分署　救急車』で調べればいいんじゃない」と提案してくれました。「なるほどねー！」という声が上がります。

しばらくすると、答えが載っているページにたどり着いたようです。

C「あった。綾瀬市の消防車両などの台数は、このページを見れば全部載っているよ」

C「先生、北分署にも救急車はあるよ。南分署にもあるよ」

みんなで「新しい学び」を発見した瞬間、この授業で一番の歓声が上がりました。

T「ページを見つけた人は、チャットを使ってURLを載せてくれるかな」

こうすれば、文字を打つことが苦手な子もすぐに同じページをリアルタイムで確認することができます。授業中に不思議だと思った疑問をみんなで協力して解決できた瞬間でした。

この時間、私の予想を超えて子どもたちが発見したのは次のようなことです。

・綾瀬市には3つの消防署がバランスよく位置づけられていること
・消防分団は消防署のない箇所に所にきちんと置かれていること
・救急車は市内のすべて消防署に置かれていること（授業を行った2021年時点）

子どもたちから出た疑問にひたすら乗っかり、今使える資料やICT端末を活用しながら、今知りたいことを解決する授業でした。この授業のように社会科の授業では、子どもの生活経験や日常の疑問によって急に専門的な方向に展開することがあるのが面白いところです。

アドリブ＋α

社会の単元の導入で子どもたちと「なぜ土地と気候について勉強するのか」「なぜ江戸時代の勉強をするのか」といった「そもそも論」を話し合うと、新しい発見があります。これからの学習の見通しや、既習とのつながり感じたり、教科特有の学びを自覚したりと他教科でも有効な方法だといえます。特に日々学習内容が世の中と共に変化していく社会科において、今の自分の生活と学習を結び付けていく上で必要な方法だと感じています。

実践⑤

3年　理科

視点①、⑤、⑥

実ができたよ

（東京書籍）

子どもたちは一学期の間、楽しみながら虫を育てたり植物を育てたりしていました。この「花から実へ」は、植物の学習のまとめにあたる時間でした。教科書を開くと、「種」「子葉」「葉」「花」「実」といった植物の命のサイクルがイラストで描かれています。

これは以前学習した、虫が「卵」「幼虫」「成虫」の命のサイクルを繰り返すのに似ています。この授業では「植物は種からはじめに子葉が出て…」といった言葉や順序を単純に暗記することよりも、「生き物の命の連続性」に注目していくことで、これから勉強するメダカやヒトの学習にもつながっていくと考えました。

私の当初の計画では、植物と虫について、今まで勉強してきたことを比較しながら、その共通点に気づけることをゴールとしていました。しかし、この授業も社会と同様、子どもたちの意見から授業のゴールを変更しているので、その変化を読んでいただけたらと思います。

実際の板書

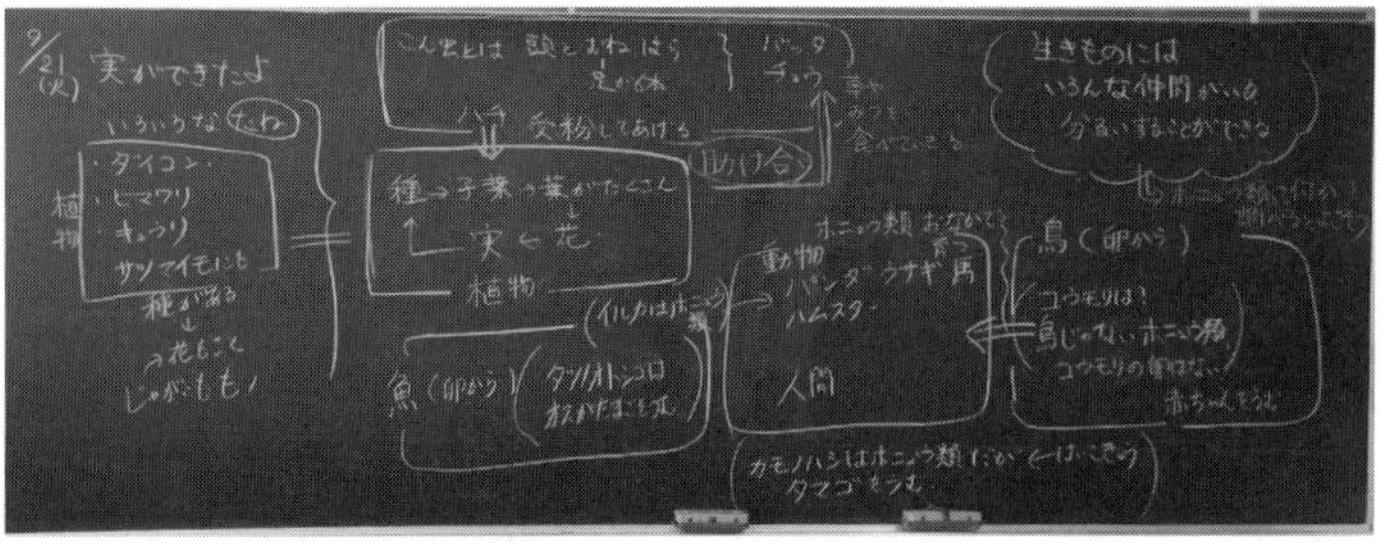

この日はまず、今日の授業に関連することとして、子どもたちにこれまで自分たちが育ててきた植物や野菜を確認しました。

C「アサガオ、キュウリ、サツマイモ、ジャガイモ」

子どもたちは、サツマイモで食べているのは根であることや、ジャガイモにも種や花があるといった豆知識も教えてくれました。

T「植物っていうのはどんなふうに成長していったか思い出そう。
まず種があって芽が出て……その後は？」

C「子葉ができて、葉が出て、花が咲いて、実ができて、種…」

C「先生これ無限に続くね！」

ここまでのやり取りで、今日のねらいとしていた「植物の成長のサイクル」というゴールに向かって計画どおり進んでいく予感がしました（**視点①**）。この流れで私は次のように聞きました。

T「じゃあ虫ってどうなっているんだろう？」

この問いにより、「卵から幼虫、さなぎ、成虫に成長して、卵を産む」といったように、植物にも虫にも成長のサイクルがある

当初の計画

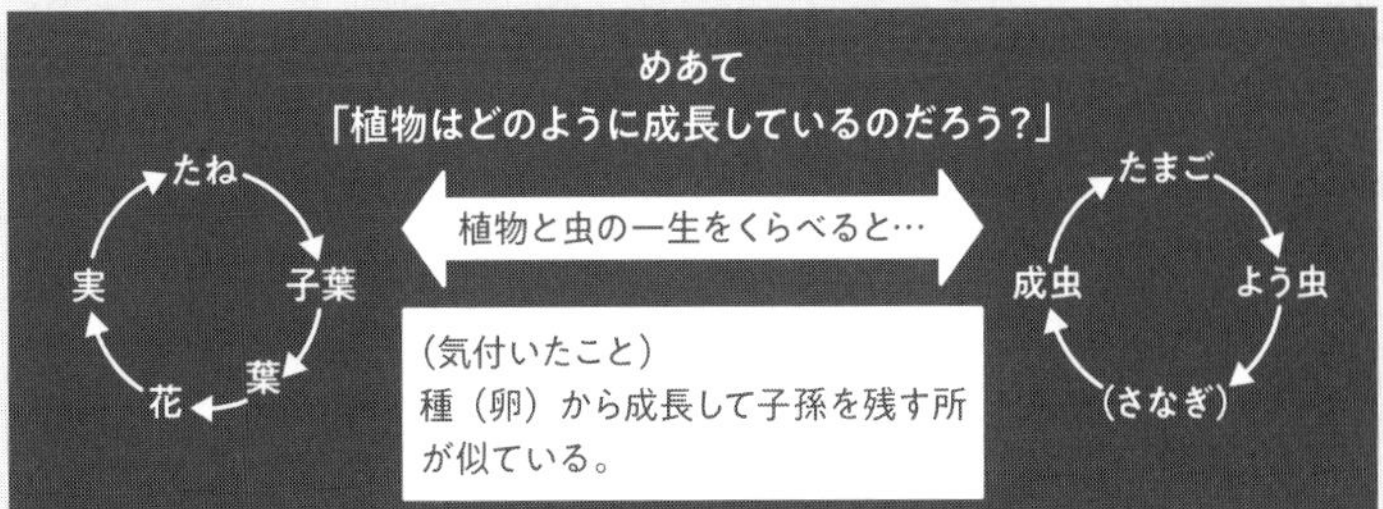

という共通点に気づかせたいと思っていたのですが、子どもから出たのは次のような答えでした。

C「虫にはあたま、むね、はらがある！」

「いや、そうではなくて、今は虫の『成長のサイクル』を知りたいんだけど……」と思いましたが、「虫ってどうなっているんだろう？」という私の質問に対して、決して間違った答えではありません。きっと自分の知っていることをみんなに伝えたかったのだと思います。

計画していた流れと少しずれてしまった時は、まずその子の意見を生かして、今日の授業の流れに関連させられないか考えてみます。まずは次のように質問を続けてみました。

T「今のことをもうちょっと詳しく説明してみて」

C「あと、昆虫は胸から脚が6本生えている」

それを聞いて、別の子がまた気になったことを話し始めます。

C「先生、ハチって昆虫なの？」

周りの子が、「昆虫だよ。だって脚6本あるじゃん」と優しく教えてあげました。

C「そうそう、それで花の受粉をするんだよね」

本時で私が気づかせたかった「植物と虫の共通点」は「成長のサイクルがあること」でしたが、ちょっと思わぬ方向に話が進み始めました。しかし、子どもたちが注目した「受粉を通して互いに共存している」という視点も「昆虫と植物の新しい共通点」として面白いなと思い、このことから話を広げていくことにしました（**視点⑤**）。

そこで、子どもが今考えていることをまず聞いてみようと思いました。

T「みんな受粉ってわかるかな？　だれか説明してくれる？」

C「ハチが花の蜜を集めている時に、体に花粉を付けて同じ花のめしべに付けるんだよ」

虫に詳しい子が教えてくれました。ここで、この新しい話題をさらに広げたいと思い、次のように聞いてみました

T「じゃあどの植物もハチが受粉をしているの？」

これは「どの○○も…」「全部の○○も…」という極端な質問をすることで、大まかに理解している知識のきまりや発生条件を場合分けすることができると考えたためです。子どもはこう答えました。

C「全部の植物の受粉をハチがしてるわけじゃないよ。あ、でも先生、虫じゃなくて動物は草を食べて、できたうんちを肥料にして植物に栄養をあげているよね」

C「バッタも草を食べて生きているよ」

C「ハチのおかげで植物は花を咲かせるけど、虫や動物も植物を食べて生きている」

T「そうか、そうやっていろんな協力して生きているんだね」

当初、「植物と虫の成長のサイクルの共通性」に気づかせる授業の予定でしたが、受粉にとどまらず話がどんどん広がってきたので、一度この後のゴールまでの見通しを考え直すことにしました。この時に考えたのは、子どもたちが「今」興味をもち始めた食物連鎖やそのもとにある生態系を整理しながら、最終的には当初の目的だった植物と虫の命のサイクルにも気づくというゴール設定です。

子どものマニアックさに付き合うと見える世界

そうと決まればまず、虫や植物以外にどんな「生き物」がいるかをみんなで確認しました。

T「では世の中は、花と虫だけで生きているの？　この世界には他にどんな生きているものが

いるのかな」

C「人間、魚、動物」

T「じゃあ動物って何かな。どんな仲間がいるか教えてくれるかな」

C「パンダ、ウサギ、鳥、ハムスター、人間」

C「鳥と人間は一緒でいいの？」

C「ホニュウ類って何？　哺乳瓶と関係してるの？」

C「国語の『どうぶつの赤ちゃん』で勉強したように人間だったらお腹から生まれるし、魚はイクラみたいな卵から赤ちゃんが生まれてくるはずだよ」

「生き物」というジャンルの中身を整理し、わかったことをまとめていくことで、成長や子孫の増やし方、成長のサイクルといった共通点が整理できそうです。

このように、はじめはさまざまな意見が混ざり合っていた「生き物の仲間分け」でしたが、友だちの意見を聞き合いながら、徐々に考えが整理され次のことがわかってきました。

◉人間と鳥、魚は違う生き物である。

◉卵で赤ちゃんを育てるか、お腹で赤ちゃんを育てるかが違う。
◉お腹で赤ちゃんを育てる動物をどうやらホニュウ類というらしい。

子どもたちは自分たちの知っていることを友だちと確認し合いながら、ここまでたどり着くことができました。子どもたちが気になったことを起点に、当初計画していなかった新しい学びを子どもたちは発見しました。

「教科書の内容を超えた学び」としてはこれで十分だと考えました。そこで、残り時間もまだあると思ったので、改めて植物と虫の命のサイクルに話題を戻そうとした時、ある子がこんなことを言いました。

C「先生！　でも、カモノハシはホニュウ類だけど卵を産むんだよ」

子どもたちが一斉に「えー！」と言います。

C「パソコンで『カモノハシは卵を産む』で調べてみればわかると思うよ」

クラス全体から声が上がり、再び盛り上がり始めました。

T「じゃあ本当にそうか調べてみようか」

このカモノハシの話が決め手となり、子どもたちは哺乳類やいろいろな生き物の種類を調べたい気持ちになっていたので、先ほど変更した授業のゴールを、再度変更することにしました（**視点⑥**）。

C「先生、やっぱりカモノハシは卵を生むんだって」

C「あ！　本当だ、ここに書いている」

「このページにはホニュウ類は肺呼吸するって書いてあったよ」と、先ほどみんなで確認し合ったことにさらに新しい情報が追加されました。

C「この哺乳類図鑑のページ使えそうだからみんなのパソコンに送っておくよ」

C「動物の赤ちゃんって体が赤いから赤ちゃんっていうんじゃない？」

友だちと新しいことや不思議なこと発見する子どもたちの顔はとてもうれしそうです。もっとこんなことを調べたいという子どもたちの興味で、この日の45分の授業はあっという間に終わりました。

授業の最後に以前私が本で読んだこと（※）を思い出しながら、

◉生き物によって子どもの生み方や育て方などにそれぞれ特徴があること。

◉哺乳類だけど卵を生むカモノハシなどのように、分類の法則から外れる生き物もいること。

という生き物の概念を整理しました。（※参考文献　奈須正裕『次代の学びを創る知恵とワザ』（ぎょうせい））

子どもたちが授業の中で気になったことを調べていくと、面白いことがたくさんわかってきます。この授業では、卵を産む哺乳類はカモノハシの他にハリモグラがいることも新しくわかりました（これらの生き物は単孔類というそうです）。子どもたちの興味・関心に付き合うことで、教師も知らない「マニアックな新しい学びの世界」にたどり着けることがあります。

当初の計画を大きく外れてしまいましたが、次の時間で「動物と植物の生命のサイクルの共通点」にきちんと気づくことができました。動物の共通点、相違点を話し合っていたおかげで、次の時間では子どもたちはホウセンカ、ピーマンなど植物にもさまざまな種の形や葉っぱの形があることなどに気づき、調べることができました。興味・関心によって広がった知識が後につながる授業となりました。

アドリブ＋α

理科の授業には他にも実験や観察の時間があります。３年生であれば、磁石やゴムといった比較的安全な材で「ふしぎ」を何度も試すことができます。例えば「磁石を使って何ができるだろう」と、材を「遊び倒すこと」で教科書に書かれていない新しい特性や使い方に気づいたり、仲間との協力や話し合いが生まれたりします。「遊び、試し、気づく」これは材から自由に活動を生み出す「図工の造形遊び」の考え方をヒントにしています。

第4章

授業でアドリブをひらめくための日常習慣

私の「問い」のとらえ方・関わり方

「不思議な雰囲気」に気づく力

私が「アドリブ授業」（台本をとびこえた新しい学びを生み出す授業）を展開する際、教師、子どものどちらにも必要な力の一つに「問い」をもつ力があげられます。

ここで改めて、「問い」とは何でしょうか。人によってさまざまな捉え方があると思います。私の中の定義では、「問い」とは**言葉、文字、現象など、そのものがもっている、「不思議な雰囲気」**です。

つまり、「問いをもつ」というのは、授業中であれば、友だちの誰かが言った発言や、文章、教材などに対して、「え、なんで？」「どういうこと？」と**不思議な雰囲気をみいだす**ということです。また、教師が「問いを投げかける」という行為は、その材や対象のもっている不思議な雰囲気について尋ねることだと考えることができます。

では、この「不思議な雰囲気」とはなんでしょう。もう少し説明してみたいと思います。

例えばこんな写真があります。これが何の写真か、わかりますか？

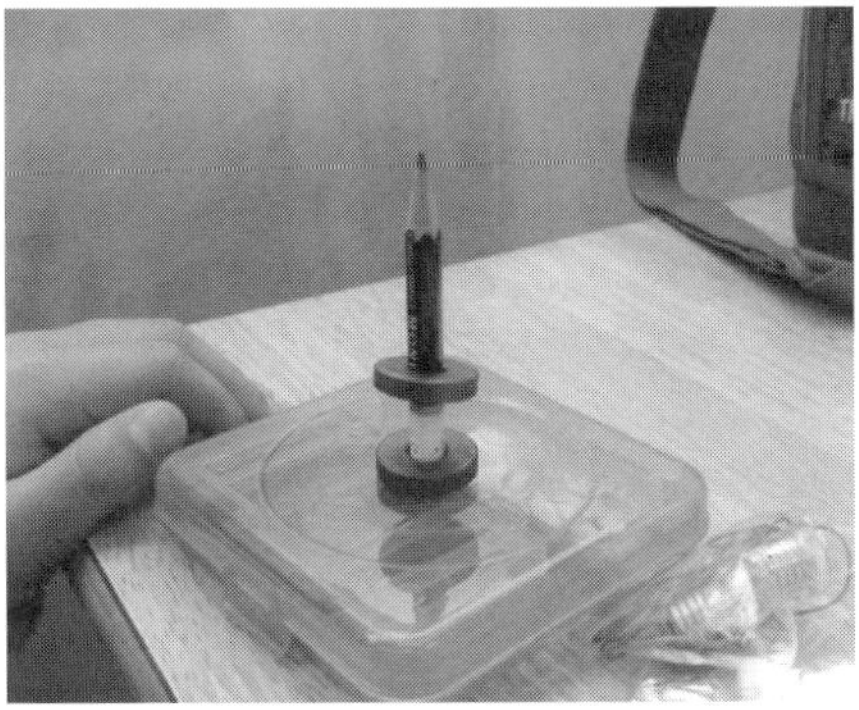

子どもが理科の授業で「先生！　見て」と、この「宙に浮かぶ4つの輪っか」を見せてくれた時、私は一瞬驚いてしまいました。しかし、これは超常現象が起きているわけではなく、写真のように、鉛筆に丸い磁石をN極とS極が向かい合あうように重ねてみると、こんな感じになります。

こう説明されれば、とりたてたところのない当たり前の写真ですが、この時の私は、「えっ⁉　何が起きているんだろう？」「これはどういうこと？」と心が動きました。こういった感覚にさせてくれるものが、冒頭で紹介した「不思議な雰囲気」です。トリックアートや、科学の手品を見た時も同じような感覚になります。

このようなことは、この磁石の例に限らず私たちの身の周りにたくさんあります。この磁石の輪っかくらい「不思議な雰囲気」がわかりやすく表れているとよいのですが、当たり前すぎて「不思議な雰囲気」にすぐには気づかないものもあります。例えば次のようなものです。

・私たちがいつもノートに書いている3という数字は何であの形をしているのだろう？
・何で、ミカンは甘いものと酸っぱいものがあるんだろう？

・説明文の「〇〇である」と「〇〇といえる」は何が違うのだろう？

いずれも、日常では何の気なしに使ったり触れたりしているものですが、問われてみると「あれっ？」と考えてしまいます。

このような、身の周りのものが醸《かも》し出す「不思議な雰囲気」はさまざまな「学びのきっかけ」を含んでいることが多いです。

ここからは、今紹介したような、身の周りにある少し気づきにくい「不思議な雰囲気」（＝問い）の見つけ方を紹介します。

バスの中から見える不思議なこと

次に紹介することは、教師が授業で「問いを見つける」ことにつながります。これは私がバスの通勤中にやっていることなので、自家用車や自転車などで通勤の方は買い物や部屋の掃除の時など、生活中の別の場面で試していただければと思います。

私は毎朝バスの窓から景色を見て、目の映ったもので授業を考えてみるようにしています。

極端な言い方かもしれませんが「今、目の前にあるもので何か授業（につながるもの）を考えてみてください」という「物ボケ」を一人でやっている感覚に近いかもしれません。例えば、窓から見えたものでまず、こんなことを考えます。

・なんで自動販売機のホットのお茶って、小さいペットボトルばかりなのだろう？
・自動販売機って、たくさんあるけど自分の家でも契約できるのだろうか？
・〇〇っていうチェーン店をよく見かけるけど、その名前の由来って何だろう？
・傘ってなんで昔からあまり進化していないのだろう？　未来の傘ってどんなふうになっているのだろう？
・この辺りは縦向きの看板が多いのはなんでだろう？
・町の中にいろんな数字があるけど、数字は主にどんなところに使われているのだろう？

ただ景色を眺めるのではなく、いつもと違う視点で見るようにしています。これは「世の中を批判的に見る」ということとも少し違って、「あ、これってどういうことなんだろう？」と赤ん坊や幼児のような純粋な気持ちで物事に触れる感覚に近いかもしれません。このように、問いは無理やりつくるものではなく、素直に「自分の心が動く」瞬間に見つかることが多いと感じています。

こんなふうに考えたことを、今度はスマホやノートに記録していきます。例えば、毎日いつも同じ時刻にバスに乗るので、「今日7時29分にバスがこの道を曲がった時の太陽の位置は、あの2つのビルの間だった」とか、「看板のフォントが特徴的だったから面白い看板のまとめのサイトを後で画像検索で調べてみよう」など、疑問だけでなく気づいたことやこれから調べたいことも毎日メモします。

調子がよければ20分間の乗車中に、20個くらいの気づきや疑問が出てきます。しかし毎日同じ景色を見ているので、あまり新しい発見ができない日もあります。そのような場合は、あらかじめ次のような視点をもって景色を見てみると、再び新しい発見をすることができます。

視点のもち方一覧

ものごとを見る時の視点	そこから考えることや気づくことの例
形、色、デザイン	○○はなんでこんな形をしているのかな。その色に何か意味があるのかな。
時間軸／空間軸	○○は昔はどんなものだったのだろう。／他の国ではどんな風に使われているのだろう。
統計	○○って日本にどれくらいの数があるのだろう。
名前の由来	○○と言う社名は面白いな。由来を調べよう。そもそも何で○○というのかな。
記号	矢印（↓）が使われている場所ってどこだろう。それ以外の記号は何が使われているのかな。
自然現象	最近にわか雨が多いのは何故だろう。今日は校庭に霜柱はできているかな。
動いているもの、動かないもの	人間も車も動く、もちろん建物は動かない。踏切りのように動くけど意思がないものは他に何があるのだろう。
目に見えていないもの	空気、音、法律や、ルールなど以外にも、目に見えないものはあるかな。
人の行動	みんなこちらの道をよく歩いているな。あちらの道を歩く人が少ないのはなぜだろう。
景色を構成している線	駅のまわりは意外と直線で構成されている物が多いな。なんでここの部分だけ曲線でデザインされているのだろう。
小動物の視点	猫や虫から見てこのまちはよいまちなのかな。
隠れた部分	建物の中や道路の下、機械の中などの「見えない部分」は一体どういう仕組みになっているのだろう。
生まれた瞬間	この電柱や、自動車、虫、植物などが生まれた瞬間はどんな状態だったのだろう。
規格や大きさ	横断歩道の白線の幅って全国一律なのかな。大きさをそろえているとしたらどんな意味や歴史があるのだろう。

その日バスに乗った瞬間にこれらの中から一つ視点を定め、「よし、今日は緑色の物だけに注目してその共通性を見つけるぞ」とか「今日は矢印以外の記号やマークを探してみよう」と自分でお題を決めてしまうのもおすすめです。

「こんなことが授業のアドリブに役立つの？」と感じられるかもしれません。しかし学校の授業の延長には必ず私たちの日常生活があり、その逆もまた然りです。そのため、**普段の生活で気づいたことは授業中に新しい展開をひらめくために必ず役に立ちます**。

また、日常的に「何か気になる」ことが癖になっていると、いつも見ている教科書でも「あれ、この写真の人が手に持っているものは何に使う道具なんだろう？」といった具合に、違った視点で見ることができるようになったり、子どもの何気ないつぶやきで新しい問いに気づけたりすることにもつながります。その日の授業中に扱う材に対して「時間軸を変えて」とらえたらどうなるか、「名前の由来で」とらえたらどうなるか、など、先ほど紹介したような「視点のずらし方」をたくさんもっておくことで、瞬間的なひらめきを増やすことができます。

「やらない授業」を考える

このように常に通勤中にテーマを探し、興味をもつことができたら「今朝バスから見えた自動販売機を題材に、こんな発問ができそうだ」「町の中にある印や記号を使ったら、こんな授業ができそうだ」というふうに、授業アイディアをいくつか考えてみます。

「この授業の場合はこんな活動を入れてみよう」「こういうグループでの見せ合い方もいいかも」と、やる予定もない「架空の授業展開」や「場の設定」も頭で考え続けます。この「やらなくてもよい授業を考える」という作業に大きな意味があります。

例えば、直近の授業で扱う予定がなくても、自動販売機などを見て自分が疑問に思ったことを調べておくと、ずっと後の授業で子どもから自分が考えたことと全く同じような質問が出て、そのとおりに授業ができてしまうことがたまにあります。この、自分の中で考えてきた「やらない架空の授業」が本当の授業として現れた瞬間は、生活が学びに（そして学びが生活に）つながった瞬間として、ものすごく楽しいものになります。

頭で考えた授業がたとえ現実にならなくても、決して無駄ではありません。考えた活動や発問は、抽象化しておくことで他の授業で応用できるからです。

「抽象化」と聞くと難しそうですが、考え方はいたってシンプルです。例えば、通勤中バスの中で「『自動販売機一台を作るのにかかる金額と設置されている数』を調べる」という授業アイディアを思いついたとします。これは3年生の社会科で勉強する「町の安全を守る信号機を一台を設置する金額とその設置台数を調べる」という活動の一部として、授業導入のクイズなどに応用できそうです。また、そこから一人ひとりが自分のタブレット端末で市の信号機について調べて、昔と今の普及率を比べるという展開も考えられそうです。このように、材が変わっても「授業のつくり方」や「プロセス」は応用することが可能です。

「仕組みに気づく」という面白さ

このように、自分の身の周りのものごとに注目していくと、いろいろなきまりや法則に気づくことがあります。

例えば、雨が降ると葉っぱの上ではじかれた水玉が根っこにうまく流れていきます。横断歩道も白い線がちょうどよい長さで間隔よく並べられています。バスや電車の人の並び方にも規則性があります。こうしたきまりやルールを見つけると、はるか昔に誰かがしかけたメッセージなのではないかと感じてしまうことさえあります。

自然のもの、人工的なもの、人の習慣…生活の中のあらゆるものには「仕組み」があります。生物学的、構造学的、心理学的…などのさまざまな視点を使ってひも解いていくことが、「学ぶ」ということの一つの要素だと思っています。

こんなふうにして日常の中の「不思議な雰囲気」を「これは面白い発見かも」と思い調べてみると、自分が気づくずっと前からこの「不思議な雰囲気」と向き合って、調べたり、論文にまとめたりした人たちの考えと出会うことができます。こうした時・場所を超えた先人とのつながりも学びの楽しさの一つです。

私が不思議だなと思っていることのほとんどは、すでに誰かが答えを出しています。しかし、自分の感覚を通してこの「不思議な雰囲気」に気づき、調べ、その答えが少し見えた時、その人たちの世界にお邪魔させていただいたようなうれしい感覚になるのです。きっと、私たちが授業で子どもと行おうとしていることも、同じなんだと感じています。

子どものヒットを分析する

「子どもが夢中になるもの」＝「授業のヒント」

先ほどは、通勤中の思考についてお話ししました。ここからは、主に学校生活の中で考えていることを紹介したいと思います。

毎日子どもと授業をしていると、私が大した準備をしてなくても、子どもたちが意欲的に学習に取り組み、自分たちでいろいろな発見をしてしまうことがたまにあります。

以前3年生理科の「風とゴムで動かそう」という学習で、送風機を使って車のおもちゃを動かす実験をしたことがありました。

この授業では、普段おとなしい子も笑顔で楽しそうに友だちと教え合いをしながら、送風機で風を当てたり、風受けの位置や形を変えたりしていました。一人で黙々と実験する子もいれば、周りの友達とグループをつくって実験する子たちもいました。

勉強が得意な子も苦手な子も、みんなが一つになって課題に取り組む「全員参加の授業」を当たり前にやっている子どもたちを見て、思わず「すごいな」と感じました。

私がどんなに教材研究や学習の形態を工夫してもなかなか実現できなかった「全員参加の授業」が、理科の「実験キット」を使ったら簡単にできてしまったわけですから、少しくやしい気持ちもありました。でも同時に、「こんな授業がいつもできたら……」と感じた瞬間でもありました。そういう「思いがけない授業」ができた時は、その原因を考えたくなります。

子どもたちが飽きずに何度も同じことをやり

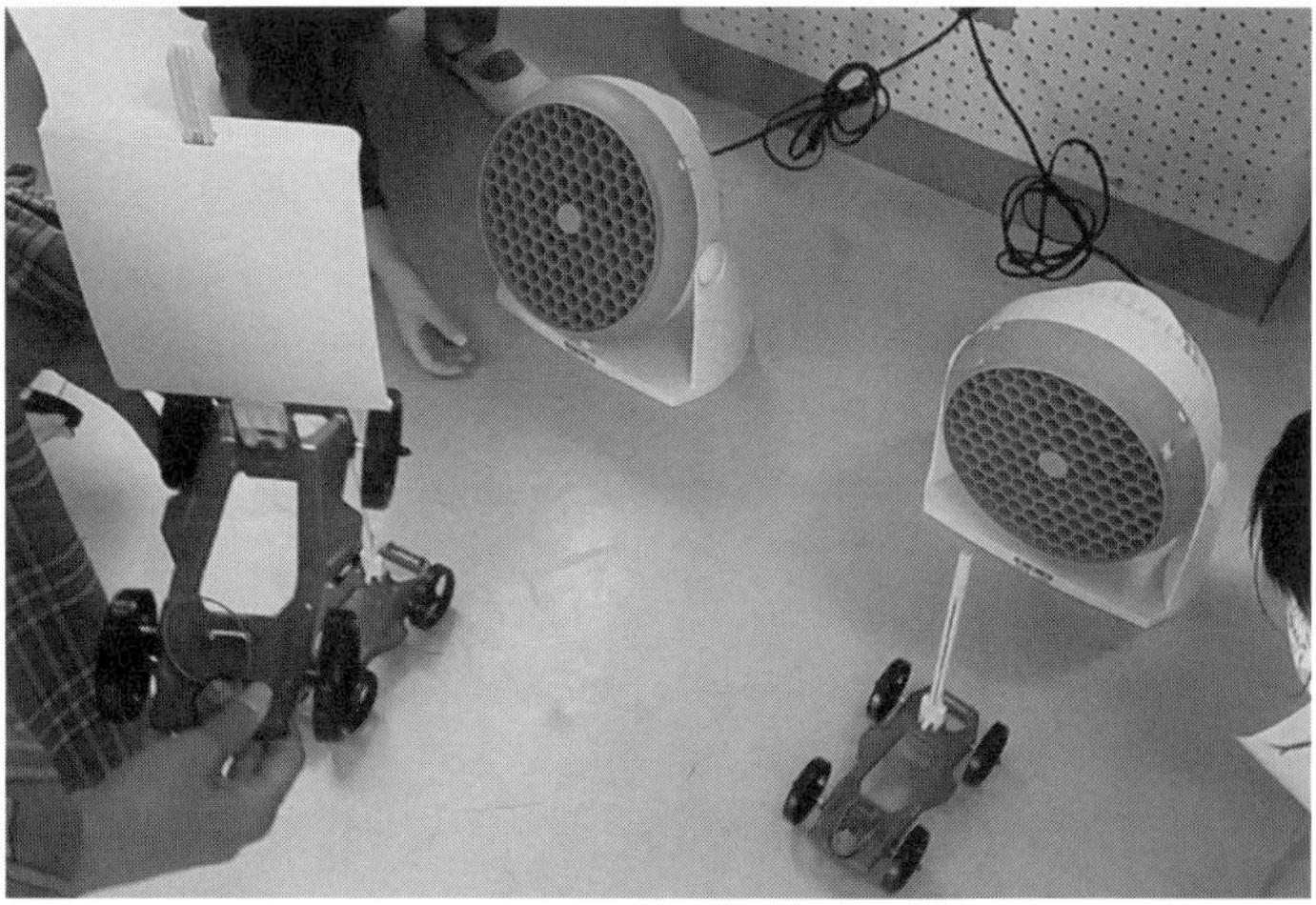

実験での子どもの試行錯誤

続けているということは、彼らの中で何かが「ヒット」しているということです。この時子どもの姿を見ながら私が考えようとしたのは、次のようなことです。

・一人ひとりに与えられた材が適切だったのか
・学習の場づくりがよかったのか
・一人でやっているのか、あるいは友だちとやっているのか
・はじめに子どもの視点はどこにいっているのか（どこに興味が向かっているのか）
・興味をもった後どんなアクションをとるのか
・子どもたちは特に何に対して繰り返しチャレンジをしているのか

授業中、子どもたちが教師の手を離れて何かを作ったり、夢中になって活動したりしている時間は、授業アイディアの宝庫です。自分がただその様子を眺めているだけではもったいないと思うようになりました。その時間に分析したことは、他の教科の授業でも役に立ちます。

また、授業以外でも、雨の日の休み時間などに子どもたちが教室で何をして過ごしているか、

子どもたちが夢中になってやっているものを分析することも授業のヒントになります。

ある雨の日に、消しゴムを使ったゲームをしているクラスの子どもたちを見ながら「なんでこんなに盛り上がっているんだろう？」と次のようなことを考えていました。

・普段遊ばないようなメンバーで遊んでいるな。女の子たちも入っているのか。こんな状況が授業でも起こったら最高だな
・やっぱりルールがいいのかな？
・参加人数や場の設定などの条件はどうなっているのだろう？

ひとしきりあれこれと自分の中で考えた後、「このゲームのルールを教えてくれる？」と子どもたちに質問して、教えてもらったことをメモします（当の本人たちは、この先生はさっきから何を僕たちに聞いているんだろうと思っているかもしれませんが）。

このように、大人が頭で考えた複雑な遊びよりも、子ども同士で考えたシンプルな遊びの方

が盛り上がるということは日常的にあります。私（教師）が考えているものと、子どもたちの中でヒットするものは違うのです。授業でも同じことがいえます。

一つ注意しておかなければいけないのは、この夢中になっている活動をそのまま授業に取り入れればうまくいくわけではないという点です。その「エッセンス」を抽出して授業に取り入れていくことが大切です。

シンプルなルールで夢中に

例えば、低学年の子どもたちは「アンケート」や「おみくじ」が大好きなので、その活動自体を授業に取り入れていくことも一つのやり方ですが、おみくじであれば「ランダムに決定される面白さ」、アンケートであれば「自分でつくった課題を友だちに答えてもらう面白さ」といったように、**その活動がもつ面白さを抽象化して学習活動の中に取り入れると、学年や教科に関係なく、いろいろな授業で応用しやすく**なります。

大人のヒットも分析する

ここまで説明したように「子どものヒット」を分析することは大切ですが、大人である私たちの心を動かすものを分析してみても、また新しい発見があります。

先に例として挙げたバス通勤中の「不思議な雰囲気の発見」をさらに発展させ、**なぜ自分はそのこと（もの）について気になったか**を考えるようにします。

私は、普段、町の中で目にとまったキャッチコピーでも、読んでいた本の一文でも、出張先で聞いた研修の話でも何でもよいのですが、日常生活の中で心が動いた瞬間を必ずノートなどにメモするようにしています。

そして、なぜ自分がそのことに感動したのかを分析します。出会ったタイミングや時期がよかったからか、その語り方、雰囲気がよかったからか、内容が自分の必要感に合っていたからか、（対象が言葉であれば）どれか一文字の言葉の選び方がキーになっていたからか……こんな具合に、自分の心が動くに至った状況や文脈をひたすら分析することで、それを授業に応用できることがあります。自分の心が動いたことを素直に見つめていくと、そこには子どもにも面白いと思えるような要素があるためです。例えば、以前こんなことがありました。

*

休み時間、3年生の子どもたちと鬼ごっこをしている時に、ある男の子が真剣な表情で私に話しかけました。「先生ここに　こんな木あったっけ?」と。

質問の意図としては、次の写真の一番手前に写っている木はこれまでにもあったのだろうかという疑問です。その場ですぐに答えることはできませんでしたが、その子の疑問に強く興味をもちました。そして、それはなんでだろうと考えながら遊んでいました。

しばらく考えて、自分の中で次のようなことに気づきました。

「土を掘り返してこの木を植えた跡はない。木のまわりの土も乾いているし、雑草もしっかり生えている」

「体育の時間、この木の陰の部分で水分補給をしたはずだ」

「学校の風景を図工で描いた時、この木と遠くの建物を基準に絵の構図を決めたな」

このような理由から「この木は間違いなくここにあったよ」とその子に話しました。

この時に感じたのは、「これまでの自分の経験や事実から根拠を探すと、何かが実在していたことへの疑問をきちんと証明できる」ということです。その子の言ったことに強く惹かれたのはおそらくそのためだったのでしょう。

このように日常で強く心が動いたことは、授業でも応用できることがあります。

この質問を受けた次の日、社会の授業でのことです。

「火事の時に使う救助袋（避難用の袋状の滑り台）は、A棟（そのクラスがあった建物とは別

「この木は前からあっただろうか…」

の棟）にはあったか？」ということでクラスの意見が分かれ、議論になっていました。その時、私はふと前日のあのやり取りを思い出し、「そういえば昨日の休み時間に〇〇君とこんな話をしたんだ」と、この「木の根拠」の話をしました。

「……だから、みんながこの前学校の消火設備を調べた時のクラスの写真や、A棟の非常階段の位置が載っている校舎地図を見れば、きっと分かるはずだよ。今から確認してみよう」と投げかけ、その日の調べ学習としてつなげていくことができました。

＊

日常生活の中で自分の心を動かしたものを分析しておくと、授業を面白くするヒントにつながることがあります。

また、今回のように子どもが感じた疑問を受け止め、担任をはじめクラス全員が「面白い発見だね」と言える雰囲気を普段からつくっておくと、「問いをもたせるための特別な指導」などをしなくても、子どもたちが自然に身の周りのものごとに問いをもてるようになると思います。

文脈とセットで記録する

さて、このように自分や子どもの中のヒット（心が動く瞬間）は突然起こります。このことを忘れないようにその都度メモをすることが大切なのですが、少しコツがいります。

例えば昔のノートを開いてみると、こんなメモをしていました。

「違和感を授業に取り入れる」

このメモを見て、自分が何かに心を動かされてこれを書き留めたことはわかるのですが、どんな状況でこれを考えたのか、どんな内容だったのかはすぐに思い出すことができませんでした。

これは、実はものすごくもったいないことなのではないかと感じています。工作をしている時なのか、何かの本を読んでいた時なのか、子どもと鬼ごっこをしている時なのか……それを思いついた状況によって、気づいたことの深さや他の物事に展開できる可能性が変わってくるからです。

そのため、現在は、何かに心を動かされた時はひらめいたアイディアと一緒に、その時の状況もメモするようにしています。

先ほどの「違和感を授業に取り入れる」というメモの場合は、他に「国語」「馬のおもちゃの作り方」「写真」とその時の状況もメモしておけば「あ、そういえば、あの時、国語のとある説明文を読んでこんな面白い発見があったんだよな」とすぐに思い出すことができます。

アイディアはその生まれた文脈とセットにすることで、**後から読んでもその時の気持ちや具体例を自分の言葉で再現することができます。**

このように、授業に何か新しい展開をひらめくために、子どもや自分の中のヒットを常に探すようにしています。

50年後、もっと言えば100年後、世の中の仕組みや使われる道具、生活スタイルは大きく変わるかもしれません。それによって教育の形も変化していくでしょう。しかし、楽しかったり驚いたりといった「人が何かを感じて心が動く瞬間」は変わらず存在し、私たちが何かを学んだり教えたりする原動力であり続けると思います。自分自身が感動する気持ちを忘れなければ、授業のアイディアは一生考え続けられるような気がしています。

材そのものの面白さでできること

材そのものの面白さ

先ほどは、日常の活動から授業のヒントを見つけるという習慣を紹介しました。ここでは「材そのもの」と向き合って授業を考えることについて紹介します。

以前、2年生の生活科で「うごくおもちゃ」を作って1年生に遊んでもらうという授業をしたことがありました。その中のあるグループは「ペットボトルのキャップで隠した磁石を、別の磁石を使って見つけるゲーム」を作っていました。シンプルなゲームですが、遊んでいる子たちはとても楽しそうです。

この磁石を使ったゲームのルールは次のようなものです。

・磁石が隠れているキャップを、持っている磁石で全部見つけられたらゲームクリア

・磁石が入っていないキャップははずれ。はずれを2回引いてしまうとゲームオーバー
・磁石の代わりに鉄のクリップが入ったキャップを見つけることができたら、もう一回探すチャンスが増える

2年生の子どもが工夫しながら考えた、よいゲームだと感心しました。ルールが簡潔で、難易度も1年生が遊んでちょうどよいものになっています。手で持った磁石をキャップに近づけた時に急にくっつくという「動き」も、緊張感があって面白いです。

私が感じたこのゲームの魅力は「光や音が出る、動く」といった機能・効果を一切加えることなく、**磁石という材の性質を最大限に生かすルールややり方を設定している**という点です。

「材の性質に注目する」「材の性質を最大限に引き出す」これは、面白い授業する上でも同様に大切なことです。そんなことを考えながらこのゲームを見て、思い出したことがありました。

磁石の性質を生かして楽しむ

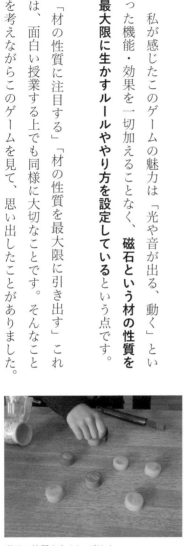

例えば、「粘土」という材だけでどんな図工の授業を考えることができるでしょうか？

昔「道具を使わず、手だけできれいな円錐形をつくろう」という課題を出したことがありました。子どもたちは手や指で先のとがった円錐をつくろうとするのですが、なかなかうまくいきません。実はこれにはコツがあり、平らな机の上で円錐の頂点を中心にしながら、円を描くように転がすことで、きれいな円錐形ができあがります。子どもたちも授業の途中からこのことに気づき、工夫しながら円錐をつくっていきました。

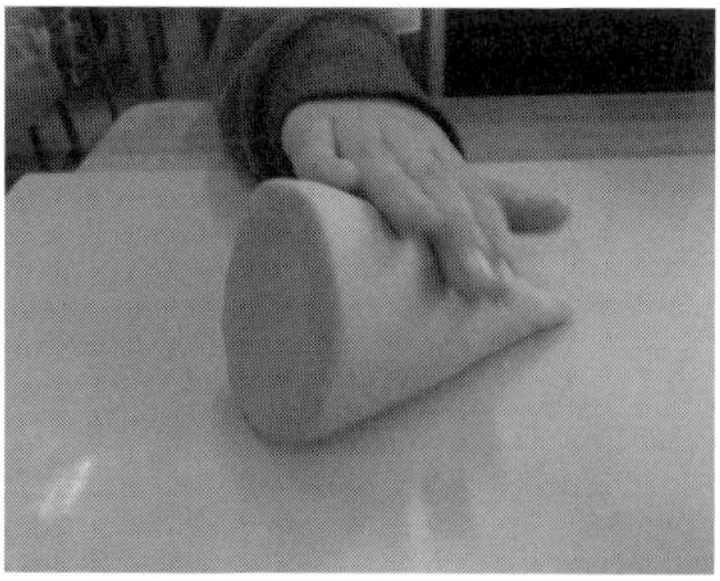
転がして円錐をつくるという発想の転換

「粘土で何をつくるのか？」ではなく「粘土をどのように使うのか？」という新しい視点を教師が用意することで、子どもたちは試行錯誤しながら材の中にある新しい学びを見つけていくことができます。

この粘土を使った授業では、型やヘラなどの道具を用意したり、なにか複雑な造形をつくるというテーマを与えたりすることはしませんでした。活動における選択肢を絞ったのが功を奏したのでしょう。子どもたちは2時間の図工の時間をめいっぱい使って、粘土と円錐形という材から最大限のことを学びました。

このように、「シンプルだけど没頭できる授業」をひらめくコツとして、教師が子どもに材を提示するときに、情報を過度に与えすぎないことが挙げられます。

私たち教師は、ついつい「ヒントカード」や「色つきのグラフ」など、情報を用意しすぎてしまうことがあります（もちろん、**困り感がある子どものための適切な支援は絶対に必要**です）。しかし、「材そのもの」だけを提示してみても、子どもは友達と工夫し合ったり、面白いことを見つけたりすることが、意外とできてしまうのです。

例えば5年生の社会の授業では、動画や写真をいくつも準備しなくても、一枚の雨温図からその地域の気候の特徴や、栽培に適した

	25	

野菜をある程度予想することができます。2年生の算数ではどうでしょうか。図のような空欄のあるマス目に、少し答えを書いておくだけで、「切り取られたかけ算九九表」を完成させることができるでしょう。

「材そのものの魅力（面白さ）」「子どもの想像力」「生活経験」この3つを総動員させると、学んだ知識が子どもたちにとっての現実（生活）とつながり、学びがさらに深まっていきます。

新しい楽しみ方を考える

このように、授業の中でできるだけ条件や情報を付け加えず「材そのものの面白さ」を引き出すためにできることを紹介します。私は普段の生活で、目の前にあるものを使って何か面白いことができないかなと考えるようにしています。先に紹介したバスからの発見よりも、材そのものと近い距離で向き合って触れ合いながら何かを発見していくイメージです。

例えば目の前に1冊の漫画があったとします。漫画は、ただ「読む」だけでなく、「使っているペンの種類」「コマの割り方」「効果音」「心情をあらわす背景」などを「見る」ものとしても、楽しむことができるでしょう。

教室の隅にある新聞紙では、何ができるでしょうか。くしゃくしゃにすれば緩衝材になります し、筒状に丸めることで割と頑丈な棒にもなる。折りたたんで大きな兜をつくることもできれば、キャンプの火起こしにも使うこともできます。書かれている文字に注目すれば「知らない言葉探し」「切り取った写真や字を貼りつけてコラージュ作品」という新しい楽しみ方もできそうです。

このように、普段から「身近にあるものでできることの可能性」を考え続ける習慣をもつと、授業中でも、教科書や資料などを見た瞬間に「こんな楽しみ方ができるのではないか」と新しい学びにつながる展開をひらめきやすくなります。

この「材そのものの新しい使い方を考えること」はＩＣＴを使った授業でも活用できそうです。これは、実際に授業をして自分で感じたことでもあります。これからも次々に新しいＩＣＴ器機や学習用アプリが開発されると思いますが、教師である私自身がその機能をきちんと生かしてきれていないと、あまり意味がないのではないかと思ったのです。先ほどの磁石探しのゲームを考えた子どもたちのように、シンプルであっても、そのもの機能や特徴を最大限に生かしたＩＣＴ器機の新しい使い方を考えたいと感じました。

一昔前になりますが、インターネットの掲示板機能が普及し始めた頃に、「アスキーアート」という文字や数字を組み合わせて絵をつくる表現が流行しました。現在のような写真やスタンプの添付という機能がない時代に、掲示板の文字を使って絵を送るという新しい使い方を考えた人の感覚はすごいなと改めて感じます。

身の周りの材の可能性を考え続けていくことで、まだまだ新しい授業アイディアが見つかるのではないかとワクワクしながら生活をしています。

アイディアとその磨き上げ方

―授業で実現させていくために―

　ここまで紹介したように、授業のアイディアを考え続けるのは私の日常的な癖なのかもしれません。最後に、アイディアを生み出す「方法」ではなく、生み出す時の「心構え」について紹介したいと思います。

日々の積み重ねからきまりを見つけていく面白さ

　私の思う「授業のアイディア」とは、授業を構成する要素である「活動」「手立て」「指導方法」「理論」「場の設定」それぞれの、「新しいやり方」をひらめくことです。日常生活の中で、「これを授業でやったら面白そうだぞ」とこの授業のアイディアが毎日次々とひらめく時もありますが、一週間、二週間と全くひらめかない時もあります。

　この「アイディアがでない状態」を一般的に「スランプ」と呼ぶこともあるのでしょうが、

私はこの状態をそこまでネガティブにはとらえていないかもしれません。

別に体調が悪いわけでもないのにアイディアが思いつかない時の原因はシンプルだと思います。それは「毎日何かしらの発見があるけど、まだそれが自分の中でバラバラの状態で、『きまり』や『理論』という形になっていないだけ」か、「『きまり』や『理論』を見いだせる量の情報が集まっていないだけ」だととらえています。

そういう時はある程度実践の数を重ね、手がかりとなるような授業展開や事例をひたすら集め続け、集めた情報に仮説を立てては検証することを繰り返します。そうしていくと、授業のきまりや傾向、新しいアイディアがまた少しずつ見えてきます。

単純作業や、先のバスから太陽の位置を毎日確認するようなルーティーンも同じです。単調なようでいて（発見がなくなってきたようでいて）、毎日繰り返していくと、不思議と面白いことに気づけるのです。

例えばテストの丸つけや、アンケートの集計、ワークシートのコメントなどの作業も同じです。繰り返し続けていくと、「何でこの時期あたりから横書きで感想を書く子が増えてきたのているだろう?」「最近よく図を使って説明する子が増えてきたのはどうしてだろう?」などと「不思議な雰囲気」が目につき始め、「この辺りで板書の書き方を変えたからかな」「次の授業でも板書を同じやり方にしてみよう」「やっぱり子どもたちに効果がありそうだ」「次回からもこのやり方を取り入れてみよう」といったように、新しい気づきや授業のヒントになるものが見えてきます。

このように毎日やっている仕事を「ただの作業」ととらえるのではなく、「大きなきまりをつかむための手がかり」ととらえてみることも面白いです。

手を動かして作業したり、足を運んで実際に見にいったり、体を使って回数を重ねていったりしていると、ひょんなタイミングで「きまり」や「傾向」が見えてくることがあります。

この「きまりが見える瞬間」を楽しみにしながら、仮説を立てては作業してみて、違っていたら次の日もまた考えて……授業をよりよくするイメージをもちながら、そんな過程を繰り返していくと、少しずつ授業の新しい「きまり」が目に見えるようになります。

出し惜しみせず試すからわかること

毎日地道に考え続ける先ほどの例とは逆に、「これは面白いぞ！」と考えただけでワクワクするような授業アイディアを突然ひらめくこともしばしばあります。

こんな時「これはいいアイディアだから、来学期のこの単元まで温めておこう」と考えることが昔は多かったのですが、最近は「いいアイディアがひらめいた時ほど、躊躇せず授業で試した方がよい」と感じています。

子どもにも授業でよく言っていることですが、**まずやってみて、そこからわかることを分析する方がよいものができます**。自分がよいと思ったアイディアは出し惜しみせず、今できる最大限の形でまずやってみる、形にしてみる、発表してみるようにしています。

すると、自分が「面白い」と思っていたアイディアが案外つまらなかったり、自分の従来のやり方を形だけ変えたものであると気づいたりと、新しい発見があります。

この新しい発見を手がかりに、この「案外つまらない」と思ったものを何回か形を変えてやっていくうちに、冒頭で紹介したきまりや傾向が見えてくることもあります。そして最終的には、本当に面白い授業アイディアにたどり着くこともあるのです。

しかし、すぐに実践に取り入れたくても、さまざまな要因（季節や学校行事といった制約）によってどうしても特定の時期や行事を待たなければならない場合もあると思います。そういう時は、教科や設定を変えて、そのアイディアに近い授業を何度か試すとよいです。

自分の頭の中やパソコン上ではきれいにまとまっているように思えたアイディアも、実際に子どもたちの前でやってみると意外とズレていた、というのはよくあることです。

長い時間をかけてきれいに整理した自分の（架空）の理論を子どもたちに押しつけるよりも、授業をやっては振り返り、ごちゃごちゃした活動や子どもたちの姿・表情を見てわかったことの中から、うまくいったと思うものをすくい上げていく。そんな「地道な実践」を積み重ねていく方が、より子どものリアリティに合ったやり方につながる気がしています。

私は学級担任をしているので、一年間で1000時間以上の授業をします。これは見方を変えれば、一年間に1000回、自分の考えた授業のアイディアを試すチャンスがあると考えることもできるのです。進んだり、立ち止まったり、悩んだり…毎日この試行錯誤を楽しんでいます。

そして自分なりの手立てや理論といった新しいアイディアが思い浮かんだ時は、そのアイディアが次ページの表のどの段階にあるのかをいつも考えるようにしています。どんな時（条件）でも成立するものなのか？　デメリットはないか？　なぜそれをやりたいと思っているのか？等、表と比較しながら自分の考えたアイディアにダメ出しをしながら考えていきます。

表の段階1～4までは、手立てや理論レベルのアイディアです。実際に授業をしなくても、考えることが可能だといえます。この段階までアイディアを練られていたら、すぐに授業で試してみることをお勧めします。

段階5～8は、アイディアの質が変わります。段階1～4で考えたやり方や手順を実際に行いながら、他教科・科目でも活用できる汎用性を高めていくためのものです。実際に授業をし

アイディアの精錬度の段階別チェック表

さまざまな授業での活用レベル（1回目を経て、他の教科・単元での応用可能性を広げる）	段階8	その思考が生まれる瞬間を見逃さないための心構えや、授業の情報をとらえるアンテナのもち方を説明できるか。
	段階7	「段階6の思考が生まれる瞬間」の授業の文脈や環境的な条件などを説明できるか。
	段階6	「こういう時はうまくいく」「別の時はこのようにやる」といったように児童の反応によって、思考法を使い分ける場面や状況の分類を説明できるか。
	段階5	その理論や手立てが実際の授業で、その場で適切に機能・活用させるためのタイミングや考え方を説明することができるか。
手立て、理論レベル（授業で実際に行う）	段階4	その活動や手立ては他の教科でもうまくいくのか。複数の授業例を抽象化し、背景にある理論を説明することができるか。
	段階3	「自分はなぜその手立てを授業でやるとよいと思ったか」「この方法でしかできない理由」などの授業者としての哲学を説明できるか。
	段階2	段階1の具体的な授業例と子どもの反応を説明できるか。
	段階1	「このアイテムを使うとよい」「このアプリを使うとよい」「このレクや遊びを入れると盛り上がる」などのように、手立ての準備や手順を説明できるか。

ながら気づいた視点などを取り入れて（いわゆるコツのようなもの）、より練ったアイディアとなります。

このように、なにか「これはいいぞ！」というアイディアを思いついたときは、そのアイディアが表のどこまで練られたものかを確認しながら実践し、他教科・他学年でも使えるアイディアに高めていけるようにします。

これは他でもない私自身の反省ですが、なんとなくの感覚や経験で準備・授業をしてしまっていることが日々たくさんあります。そのため、事前準備をものすごくしたはずなのに全くうまくいかなかった授業や、自分でもわからない「何か」が働いてなぜかうまくいった授業の時には、いつもこの表に立ち戻り、自分がこの８つの段階のどこまで意識できていたかを確認しています。

ＩＣＴ器機やホワイトボードなどの教具を使う時、また、本で読んだり、人から教わったアイディアを試したりする時も、この表のどこまで意識できているかを考え続けていくことで、どんな時でも使える「自分の本当の授業力」になっていくと感じています。

よく言われるように、この世に二つと同じ授業は存在しません（授業の性質を考えればそれ自体に再現性を求めることは不可能でしょう）。しかし、教師が分析を続けていくことで、よりよい授業のエッセンスを取り出し、ほかの授業で再現できる確率を高め続けることは可能だと思っています。

おわりに

1 理想の授業って何だろう？

私の頭の中にはいつも「理想の授業像」というものがあり、その姿は日々更新されています。今回紹介した「アドリブ授業」もその一つです。

授業をしていく上で大切にしたいと思う要素はいろいろあります。例えば「子どもに合ったテンポ感で進んでいる」「活動、思考、対話のバランスがとれている」「子ども全員の生き生きとした姿がある」……といったことです。

なかでも今一番意識しているのは、やはり本著で紹介し続けてきた「今まで知らなかった新しい学びを発見する面白さがあること」だと思います。

これはその場で笑いが起こるような表面的な面白さではなく、子どもたちがこれからの自分自身の生き方や考え方を変えていけるような面白さです。

かつては、授業をただ面白くしたいがために「クイズやゲームを取り入れる」「45分の最後にあっと驚く結末を用意する」「ゲストを呼んで話を聞く」など、授業に「特別な何か」を準備することばかりにこだわっていた時期もありました。

今は教科書、ノート、鉛筆だけでも、子どもと「新しい学び」を見つけていくことは可能だと思えるようになりました。

今年度（2022年度）、私は2年生の担任をしていますが、4月初めのころの国語科『ふきのとう』の授業でこんなことがありました。

私が「このお話の登場人物は誰が出てきたかな？」と尋ねたところ、ある子が突然「先生！なんで『竹やぶのはっぱ』はお話の中に一回しか出てこないの？」とつぶやきました。

たしかに、『ふきのとう』のお話は冒頭の「竹やぶのはっぱ」のセリフから始まるのに、最初に登場しただけで終わってしまうのです。

「他の登場人物と比べて、『竹やぶのはっぱ』は、ふきのとうが顔を出すのには直接関係してないから出なくなったんじゃないかな？」

「セリフの部分をよく読むと、『竹やぶのはっぱ』と『ふきのとう』だけは一人だけじゃなく何人もいる感じがする。それも関係しているんじゃない？」

「他の登場人物は本当に一人だけなのか、もう一度調べてみよう」

4月の学級が始まって間もない時期でも、子どもたちの「新しいことを知りたい」という思いに乗っかることで、教師自身も、こんなに楽しい世界へ行けるのだと感心しました。


このように、大人が見過ごしてしまうようなことにも気づいてしまう子どもの視点は、本当にすごいと心から感じます。「新しいことを知りたい」という気持ちがあれば、私が無理に準備せずとも授業はいつも特別な何かで溢れているのだということに気づかされました。

子どもの何気ないつぶやきから、それまでの話し合ったことや教師が考えていたことを一気にとびこえて、クラスにいる全員が「新しい学びの世界」にワープしてしまうような瞬間は、私自身も「どこへたどり着くかわからない楽しさ」の中にいます。

子どもたちの発見が、今まで全く気づかなかったものであればあるほどワクワクしてきます。そしてそのことが、今まで勉強してきたことや、これから勉強することと実はつながっていたとみんなで気づけた時、「はじめに」でも書いたようにものすごく心が震えるのです。

台本どおりではなかなかたどり着けない、このワクワクした感覚に出会うために、本書で紹介したようなことを毎日考えて続けています。

2　それぞれの楽しさ　授業という楽しさ

教師という仕事は楽な仕事ではないかもしれませんが、いろいろな「やりがい」や「楽しさ」も多い仕事だと思っています。

ここでいう「やりがい」は人それぞれだと思います。私の場合は、「授業を考えること」がこの仕事の一番の面白さだと感じています。教科書とノートがあればいつでもできますし、これからも研究していきたい教科や単元がまだたくさんあります。そういう楽しみが、この仕事を続ける理由の一つであってもよいのではないかと感じます。

この数年間、世の中が不安定だと感じることもありました。一方で、授業を考え続けることで、生きる上で大切なヒントが見つかることもたくさんありました。

私の単純な「楽観論」を述べるわけではありませんが、こんな不安な状況だからこそ、日常の中に「楽しいと感じる心」をもつことは大切だと以前より強く感じるようになりました。

「当たり前」「つまらない」「めんどくさい」「しんどい」と思っているものも、少し視点を変えると面白くなることがある。これは本で読んだことや人から聞いたことがきっかけではなく、日々授業を考えていく中で気づけたことでした。

つらい時でも、よい授業が思い浮かぶことで前向きになれたり、誰かの授業を見ることで元気をもらえたりすることもあります。もしかしたら授業を考えることが自分の生き方のベースになっているのかもしれません。

3 「授業」のもつ力

今回執筆をしながら、自分にとって授業とは何かを見つめ直すことができました。

昔は「もっと授業がうまくなりたい」「もっと面白い授業をしたい」と考えていましたが、今ふり返ると、それはただ「上手に授業をする自分」のことしか考えていなかったのだなと思います。

今は少し違うことを考えるようになりました。

「『面白い授業』ってどういうものだろう？」

「『わかる』ってどういうことだろう？」

「今よりもっと勉強したらどんな新しいことが見えてくるのだろう？」

そのようなことを、毎日朝から晩まで考えるようになりました。

その時のひらめきや条件の組み合わせで、面白いものができたり、できなかったり、子どもの何気ないつぶやきで自分の知らない世界に気づけたり、思わぬ方に行ってしまったり、戻ってこられずに不時着したり、その先で子どもと多くを学んだり……そんな「授業の魅力」に、どっぷりとはまっている自分がいます。

その結果、今は、子どもと一緒に心から楽しいと思える授業が一週間に何回かできるようになってきました。調子がよい日は一日の中で2、3時間と続けてできることもあります。自分の中でそういう日があると「さらに勉強してもっとよい授業したい」という気持ちになります。そうしてまたチャレンジしてみては、うまくいったり・いかなかったりを日々繰り返しています。

誰かの授業を見て「すごい！　こんなやり方もあるんだ！」と仲間と語り合うこともももちろん楽しいのですが、これからも悩みながら「自分で考えた授業」をやっていきたいと思っています。

このように授業について日々考え続けることで、いろいろな方と知り合うことができました。これも授業の不思議な力だと感じています。

今回「アドリブ授業」というつかみどころのない大きなテーマについて、企画の段階から一緒に考え、何度も適切な助言をしてくださった東洋館出版社の大岩様には感謝の言葉しかありません。テーマと向き合い、最後まで楽しみながら執筆をすることができました。本当にありがとうございました。

また、日々の授業について一緒に考えてくださる学年の先生方、校内研究をはじめ授業について一緒に考えてくださる神奈川県綾瀬市立綾西小学校の先生方、研究会で熱いご意見をくださる市内外の先生方、オンラインの学習会などを通して知り合うことができた全国各地の先生方…みなさまと授業についてお話しする中で、いつもやる気と刺激をいただいています。これからも一緒に学ばせていただけるとありがたいです。

そして、いつも私に「新しい学び」を教えてくれるクラスの子どもたち……「授業」を通して関わることができた全ての方々にこの場を借りて感謝申し上げます。

これからも「授業とは何か」というテーマを追究し続けていきたいと思います。

二〇二三年　一月某日　吉田雄一

参考文献

大村はま（1996）『新編 教えるということ』（ちくま学芸文庫）筑摩書房
大村はま（2004）『灯し続けることば』小学館
岡田京子（2020）『その子は、なにを描こうとしたのか?』東洋館出版社
鹿毛雅治（2007）『子どもの姿に学ぶ教師──「学ぶ意欲」と「教育的瞬間」』教育出版
鹿毛雅治（2019）『授業という営み──子どもとともに「主体的に学ぶ場」を創る』教育出版
斎藤喜博（2006）『新装版 斎藤喜博 授業の展開』（人と教育双書）国土社
斎藤喜博（2006）『新装版 斎藤喜博 授業』（人と教育双書）国土社
齋藤孝（2013）『「読む・書く・話す」を一瞬でモノにする技術』（だいわ文庫）大和書房
田中博史（2021）『子どもの「困り方」に寄り添う算数授業』（hito*yume book）文溪堂
田沼茂紀（2020）『問いで紡ぐ小学校道徳科授業づくり』東洋館出版社
外山滋比古（1986）『思考の整理学』（ちくま文庫）筑摩書房
奈須正裕（2006）『教師という仕事と授業技術（学力が身に付く授業の「技」）』ぎょうせい
奈須正裕（2013）『子どもと創る授業──学びを見とる目、深める技──』ぎょうせい
奈須正裕（2020）『次代の学びを創る知恵とワザ』ぎょうせい
藤沢晃治（2012）『「判断力」を強くする──正しく判断するための14の指針──』（ブルーバックス）講談社
藤代圭一（2020）『「しつもん」で夢中をつくる! 子どもの人生を変える好奇心の育て方』旬報社

堀 公俊 （2014）『ビジュアルアイデア発想フレームワーク』日経BPマーケティング（日本経済新聞出版）
細谷 功 （2016）『メタ思考トレーニング 発想力が飛躍的にアップする34問』（PHPビジネス新書）PHP研究所
細谷 功 （2019）『入門「地頭力を鍛える」32のキーワードで学ぶ思考法』東洋経済新報社
松浦 弥太郎 （2013）『センス入門』筑摩書房
若松 俊介 （2022）『教師のための「支え方」の技術』明治図書出版
拙著 （2021）『夢中がつくる学び』東洋館出版社

（五十音順）

「台本どおり」から一歩ふみだす
教師のアドリブ授業のはじめかた

2023（令和5）年3月10日　初版第1刷発行

著　者　吉田　雄一
発行者　錦織　圭之介
発行所　株式会社 東洋館出版社
〒101-0054
東京都千代田区神田錦町 2 丁目 9-1
コンフォール安田ビル 2F
代　表　TEL：03-6778-4343
FAX：03-5281-8091
営業部　TEL：03-6778-7278
FAX：03-5281-8092
振　替　00180-7-96823
U R L　https://www.toyokan.co.jp
装　丁　沢田幸平（happeace）
本文デザイン　内藤富美子＋梅里珠美（北路社）
印刷・製本　株式会社 藤原印刷

ISBN978-4-491-05097-3 / Printed in Japan